英語の文構造
―深層構造から表層構造へ―

酒井優子［著］

リーベル出版
Tokyo, Japan

は じ め に

　本書の目的は、多様な英語文の表層構造を、普遍的な文の深層構造において捉えることである。その深層構造は言語の本質である認識を根拠とする。
　それは、従来の文法のように、与えられた言語形式から内容を導き出すのではなく、言語の本質が認識であるならば言語にはどのような形式が必要かという、内容から形式に至る必然を追うものである。そして、その必然によって英語の諸現象を解き明かしていく。
　言語の本質とは、言語が言語たりうる要件のことである。それは、言語の成立過程においては、何をもって言語が生まれるのかという言語の起源である。言語の起源とは、言語がいつ始まったかという年代を問うものではない。それは例えば、赤ん坊の発声が何をもって「言語」になるのかという、言語の要件、本質を意味している。
　表現の仕方はさまざまでも、「言語とは、伝達の手段である」と言う人が多い。もし伝達が言語の本質だとすれば、伝達の成立が言語の成立であり、伝達されないものは言語ではないことになる。けれども、独り言、誰も読まない日記、騒音にかき消された叫び、すべての言語が伝達されるわけではない。伝達は、言語の成立以後、相手がいて一定の条件が整ったときに、言語の一部において成立するものでしかない。伝達にとって、言語は最も精密かつ有効な手段である。だが、言語にとって、伝達はその成立以後の、二次的な機能でしかない。実用性のゆえに、言語の本質を見誤ってはならない。
　伝える前に、人は考える。考えなければ、伝える内容もない。考えるとき、人は言語を生みだす。言語の存在の根拠は認識にあり、言語は認識を起源とする。それゆえに、単なる語の羅列は言語ではなく、認識の表現たることが言語の要件である。
　言語は「労働のなかから、また労働とともに生まれた」とフリードリッヒ・エンゲルス (1876, p. 228) は記している。人間を他の動物と区別する「労働」は、手で働きかける前に、頭脳において世界をわがものにすることをも含んでいる。対象の何かを知らずに、働きかけることはできない。
　タカの目もイヌの嗅覚もない人間はどんな動物よりも本能に劣り、本能から解放されている。本能に導かれることのない人間は、自ら生きる道を選択するしか

ない。そのために、人間は言語で世界を認識し、対象を選ぶ。言語は、自然界において主体的に生きる人間の自由の証である。と同時に、その生き方に悩み、苦しみ、迷う人間の拠り所である。

そこで、本書では認識に始まる言語生成の過程をたどり、深層から表層にいたる論理をもって、英語の諸現象を説明していく。

第I章では、あらゆる言語に貫かれている文の深層構造を明らかにする。つまり言語が認識の表現であるならば、どの言語も備えていなければならない普遍的な文の構造を導き出す。

第II章〜第VII章では、その深層構造が、英語ではどのように表層構造として現れるのかを見てゆく。

このように、英語の諸現象を言語の本質から解き明かすことで、言語の本質を検証する。それは、「言語の本質がこうであるから、文はそのようになっている」という説明をとおして、「文がそのようになっているから、言語の本質はこうではないか」と、本質を論証することである。

英文の構造は樹形図で示した。そこにおいて、文の各部分が何であるかを数式や化学式のように、4次元認識の相関において定める。

ノーム・チョムスキーは、「意味の研究は多くの困難をはらんでいる」のであり、「文法に先立って知られる意味の絶対を見いだすことはできない」（1957, p.101 注9）と考えた。そこで、言語形式の整理に専念した。その樹形図は文をまず名詞句（NP）と動詞句（VP）に分ける。それは文を主語と述語、theme（主題）と rheme（陳述）に分けるというアリストテレス以来の形式文法の伝統に従っている。しかし、なぜ主語とそれ以外に二分するのか、その根拠は不明である。

言語の本質たる認識から言語生成の過程をたどるなら、形式を規定する内容は認識に求められるはずである。それゆえに、本書の深層構造はその根拠を言語の本質たる認識の4次元構造に求める。

英語のデータ分析にあたっては、惜しみない協力をしてくださった東京工科大学の同僚、Steven Widdows 教授、Alistair Ross Campbell 教授、Christopher Paul Brocklebank 准教授の諸氏に、この場を借りて心から感謝の意を表する。

2016 年 8 月

酒 井 優 子

目　　次

はじめに　iii

Ⅰ．文の深層構造 …………………………………………………… 1
　1．文の深層構造　1
　2．認識の構造と文の構造　3
　3．文の構成要素の内容と形式　4
　4．他動詞と自動詞　5
　5．修飾語　6
　　1）形容詞と副詞　6
　　2）補語　7
　　3）副修飾語　7

Ⅱ．英語の基本構造 ………………………………………………… 9

Ⅲ．英語の品詞 ……………………………………………………… 12
　1．名詞　14
　2．動詞　15
　3．形容詞　16
　4．副詞　19
　5．副形容詞と副副詞　21
　6．否定　23

Ⅳ．英語における文の構成要素 …………………………………… 27
　1．主語　27
　2．直接目的語　31
　3．間接目的語　35
　4．動語　41

5．修飾語　　45

　　1）形容詞と副詞　　45

　　2）副詞と補語　　45

　　3）前置詞と副詞の後置　　46

Ⅴ．英語における文の構成要素の省略 …………………………48

　1．主語の省略　　49

　　1）前文と同じ主語の省略　　49

　　2）命令文の主語省略　　50

　　3）文脈でわかる主語の省略　　51

　2．直接目的語の省略　　51

　　1）自動詞文の直接目的語の省略　　51

　　2）動詞でわかる直接目的語の省略　　53

　　3）不特定な直接目的語「誰でも」の省略　　54

　　4）文脈でわかる直接目的語の省略　　54

　3．間接目的語の省略　　55

　　1）関心のない間接目的語の省略　　55

　　2）不特定な間接目的語の省略　　56

　　3）文脈でわかる間接目的語の省略　　57

　4．動語の省略　　58

　　1）前文と同じ動語の省略　　58

　　2）動詞 be の省略　　59

　　3）文脈でわかる動詞の省略　　60

Ⅵ．英語の語順 ……………………………………………………61

　1．SVOI 構成要素の語順　　61

　2．副詞の語順　　63

Ⅶ．英語の文型 ……………………………………………………70

　1．SV　*She nodded.* 彼女はうなずいた。　　73

　　1）SV（IO）　　73

　　2）SV（O）　　74

3）there be　　75

　　　4）SV＋修飾語　　75

2．SVO　*The plane gave a little dip in altitude.*
　　　　　飛行機は少し高度を下げた。　　77

　　　1）SVO（I）　　77

　　　2）O＝SのSVO　　79

　　　3）Sが不定詞のSVO　　79

　　　4）Oが具体物のSVO　　82

　　　5）Oが抽象概念のSVO　　83

3．SV-c　*The pace was too much.*　スピードが速すぎた。　　91

　　　1）形容詞補語のSV-c　　91

　　　　　■受動　　92

　　　2）名詞補語のSV-c　　93

　　　3）副詞補語のSV-c　　95

　　　　　■進行形　　100

　　　　　■近接未来（be going to）　　101

4．VO　*Read what?*　読むって、何の本を。　　103

　　　1）(S) VO（I）　　103

　　　2）命令のVO　　103

　　　3）Sが前文と同じVO　　104

　　　4）Sが状況でわかるVO　　104

5．V　*Keep out of my business.*
　　　　　余計なちょっかいを出さないでくれよ。　　106

　　　1）命令のV　　106

　　　2）Sが前文と同じV　　108

　　　3）Sが状況でわかるV　　108

6．SV-cO　*I kicked my door open.*　私はドアを蹴り開けた。　　109

　　　1）形容詞補語のSV-cO　　109

　　　2）名詞補語のSV-cO　　111

　　　　　■呼称　　111

　　　　　■ 使役　111

　　　　　■ 知覚（不定詞）　112

　　3）副詞補語の SV-cO　113

　　　　　■ 知覚（現在分詞）　113

　　4）S = O の SV-cO　113

7．SVOI　*Fuentes handed him the sword.*
　　　　　フエンテスは彼に剣を手渡した。　114

　　1）O が具体物の SVOI　114

　　2）O が抽象概念の SVOI　115

8．av　*Absolutely.*　そうとも。　123

9．S-c　*You interested in fish?*　魚に興味をお持ちかな。　125

　　1）形容詞補語の S-c　126

　　2）副詞補語の S-c　126

　　3）名詞補語の S-c　127

10．c　*All right.*　いいですよ。　127

　　1）質形容詞補語の -c　128

　　2）量形容詞補語の -c　128

　　3）場副詞補語の -c　129

　　4）時副詞補語の -c　129

　　5）質副詞補語の -c　130

　　6）名詞補語の -c　130

11．S　*Any trouble here?*　何か問題でも。　131

　　1）（there be）S　131

　　2）疑問文に答える S　132

　　3）聞き返し・言い直しの S　132

　　4）状況でわかる S　133

12．VOI　*Give me the book.*　その本を貸してごらん。　134

　　1）命令の VOI　134

　　2）S が前文と同じ VOI　135

　　3）S が状況でわかる VOI　136

13. SVI *I told that guy.* 俺、そいつに言ったんだ。　　138
    1）SVI（O）　138
    2）Oが動詞でわかるSVI　138
    3）Oが状況でわかるSVI　139
14. O *(Yes,) a cake of soap.* （ええ、）石鹸をね。　141
    1）疑問の答え・聞き返しのO　141
    2）命令のO　142
    3）状況でわかるO　143
15. V-c *Don't be fresh.* 偉そうにしないで。　　144
16. V-cO *Call me Sunset.* 名前はサンセットでいい。　　144
    1）命令のV-cO　144
    2）Sが前文と同じV-cO　145
17. VI *Tell me about that pick-up on Noon Street.*
       ヌーン街で拾ったものの話をしてくれないか。　　146
    1）命令のVI　146
    2）Sが前文と同じVI　147
    3）Sが状況でわかるVI　148
18. SO-c *You better take a sandwich.*
         サンドイッチを一つ持っていくといい。　　148
19. aj *Only six!* たった六頭ですって。　　149
20. O-c *Better wait till it goes on.* 時期を見てやればいいさ。　　150
21. I *Nobody except Gertrude.* ガートルードだけのはずですわ。　　151
22. OI *Good night to you.* おやすみ。　　152
23. SO *Two more of them cocktail drinks,*
        もう二人、カクテルがほしいって。　　153
24. SV-cOI *I kept it hot for her.*
           私はロースト・ダックを彼女のために温めておいた。　　154
25. SV-cI *It would be too much for me.*
          私には、やっぱり無理よ。　　154
26. SOI *You, Peter the mitt.* 君がピーターにミットを。　　155

ix

27. SO-cI *He the beer cool for my father.*
　　　　　彼は父のためにビールを冷たく。　　156

28. V-cOI *Keep the room warm for your mother.*
　　　　　お母さんのために部屋を暖かくしておきなさい。　　157

29. SI *I, to his father.* 私はその父親に。　157

30. SI-c *You working for your family?*
　　　　　あなたは家族のために働いて？　　158

31. V-cI *Be careful for the children.*
　　　　　子供たちのために気をつけて。　　158

32. O-cI *The beer cool for my father.*
　　　　　父のためにビールを冷たく。　　159

33. I-c *For the children, careful.*
　　　　　子供たちのために、気をつけて。　　159

おわりに　160

資料略号　162

参考文献　165

I.　文の深層構造

1. 文の深層構造

　あらゆる言語の深層には普遍的な構造があり、それが様々な個別言語の表層構造となって現れる。チョムスキー（1957）は、このあらゆる言語の根底にある普遍を求めることを提唱した。それは現象の分類・記述に終始する言語研究を、現象を説明する科学にしようという当然の主張であった。

　深層構造と表層構造の関係は、普遍と個別の関係にある。人間に普遍的な「言語」はいずれかの個別言語であるしかなく、どの個別言語も「言語」である。つまり、普遍はいずれかの個別として存在するしかなく、あらゆる個別は普遍に貫かれている。この関係はまた、本質と現象の関係でもある。本質は現象に現れるしかなく、あらゆる現象の根底にはそのものの本質が横たわっている。

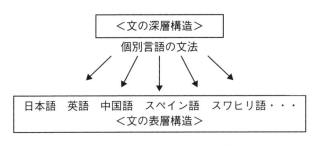

図表1　文の深層構造と表層構造

　しかしながら、このような提唱から半世紀以上たった今も、チョムスキーに「文の深層構造」は見いだせない。
　では、文の深層構造とはどのようなものなのか。私たちが多様な言語を一つの構造で捉えようとするとき、すでにそれを使ってはいないだろうか。

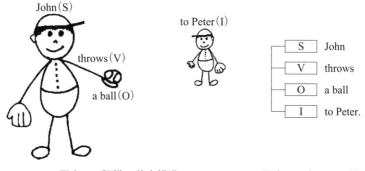

図表2　認識の基本構造　　　図表3　文の深層構造

　どの言語にも共通する基本構造として挙げられるのは、主語（S ＜ Subject）、動語（V ＜ Verject）、直接目的語（O ＜ Direct Object）、間接目的語（I ＜ Indirect Object）からなる文構造である。このSVOIという構成要素は世界の言語を類型化するときも、SVO型言語、SOV型言語のように用いられる。
　「動語」というのは、主語、目的語と同類の構成要素を表す用語である。動詞（Verb）というのは、名詞、形容詞、副詞と同類の品詞であるが、動語にしか使われない。このために、動詞と動語は同一視されてきた。しかし、構成要素としては動詞ではなく、動語という用語を用いるべきである。
　例えば図表2のような現象はSVOIの構成要素で認識される。英語のJohn throws a ball to Peter. はSVOIの語順で、動詞の語尾がSによって変わり、Iは前置詞を伴う。また、Iが代名詞なら格変化をしてSVIOの語順になる。
　日本語の「ジョンがピーターにボールを投げる」ではSIOVの語順になり、動詞がSによって変化することはない。動詞の前に並列されるSIOは助詞で区別されるので、語順の入れ替えが可能である。
　個別言語によって語順などの文法は異なっても、SVOI（順不同）の認識の構造は同じである。したがって、このSVOIの構造が文の深層構造だと見られる（図表3）。
　文は、この4要素以下に小さくなることもある。SVOIのそろった文はむしろ珍しく、多くの文には要素が欠けている。しかし、この4要素以上に文が大きくなることはない。これ以上文が長くなるのは、修飾語を伴うときである。文型の記述では補語（C ＜ Complement）も用いられるが、これは動詞be（ある）の修飾語である。「ある」という動詞は語彙的な意味に乏しいので、「どのように」あるかという補語を必要とする（p.7参照）。
　したがって、このSVOIの文構造は、文の限界を示していると見られる。世

界には多種多様な言語が存在するが、どんなに複雑な文法を持つ言語であっても、このSVOIの構成要素の限界を超える言語を筆者は知らない。

2. 認識の構造と文の構造

　では、なぜこれが文の深層構造だと言えるのか。その根拠を明らかにするには、言語の成立過程をたどる必要がある。
　私たちは事物を知覚し、それに名前をつけることでその「何か」を認識する。例えば、初めて見た果物に「洋梨」という名前がつけられると、「梨」の一種だと認識される。つまり、ものごとを認識するというのは、その要件に合うラベルを貼り、分類ボックスに種分けすることだと言える。それが文字通り「分かる＜分けられる」ということであろう。

　　［言語生成の過程］　事物→知覚→認識＝言語（→伝達）

　だとすれば、ひとまとまりの認識を表す単位である文の存在の根拠は、事物にさかのぼって考える必要がある。
　現代の諸科学において、事物は4次元の存在だとされる。つまり、3次元の空間を占める立体が、1次元の時間を占めて存在する。2次元に見える紙も、重ねると立体であることがわかる。どんなに小さな菌も、電子顕微鏡で見ると巨大な立体に見える。そして、どの事物もいずれかの時間に存在する。
　時間が1次元の存在であるなら、必ずはじめと終わりがある。時間は変化と同義であり、時間を経ると事物は必ず変化する。たとえ無変化であっても、それを認識するには始めと終わりにある二つの事物が要る。静止が運動の一形態であるのと同じく、無変化も変化の一形態である。静止や無変化は、運動や変化の値がゼロの場合である。
　変化の始めにある事物と変化の終わりにある事物が変化の当事者であるならば、そこには必ず第三者が存在する。自己が他者との相対において認識されるように、当事者は第三者との相対において認識される。
　事物とその変化を相関において捉える4次元の認識、これを表すために必要なのが、SVOIの構成要素だと考えられる。
　先の例で言えば、主語の「ジョン」に始まる「投げる」という変化が、直接目的語の「ボール」に終わり、この変化の利害が第三者である間接目的語の「ピーター」に生じる。

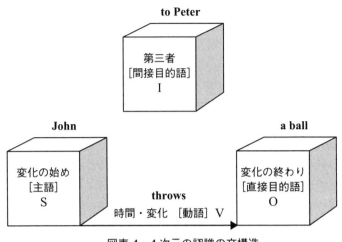

図表 4　4 次元の認識の文構造

　4 次元の認識は要素の相関において成立している。その相関はどれを欠いても成立しえない。
　にもかかわらず、多くの文が SVOI の 4 要素の全容を表さないのはなぜか。それは、言う必要がないからである。
　どの言語でも、わかることはわざわざ口にしない。その必要は、言語によって異なる。例えば英語のように語順で文法関係を示す言語では、代名詞に代えても要素を保持しようとする。一方、日本語のように助詞で文法関係を表す言語は、語順を保つ必要がないので要素を省略する。
　例えば月は、半月、三日月、新月と様々に変容する。けれども、それは影のでき方が異なるだけである。月は、常に満月で存在している。最大限の姿は、そのものとそうでないものとの限界を示す。ゆえに、文は常に相関する SVOI の総体として存在すると見られる。
　すなわち、人間が事物の認識を言語で表す限り、どの言語の深層にも 4 次元認識の構造があり、それがあらゆる言語の文の深層構造だと考えられる。

3. 文の構成要素の内容と形式

　主語、直接目的語、間接目的語を表すには、名詞が必要である。主語と直接目的語は人でも事物でもありうる。けれども、利害を生じるのは人に限られるので、間接目的語は人または擬人化されたものに限られる。

Ⅰ．文の深層構造

　動語を表すには、動詞が必要である。動詞は動語にしか使わない。しかし、文の構成要素である動語と品詞である動詞は明確に区別される。
　動詞は事物の変化を表す。事物は質と量から成り、場（空間の位置）と時（時間の位置）において存在する。だとすれば、動詞が表す内容は、変質、変量、運動、経過の4種類に帰するはずである。
　例えば「赤くなる」は色という質の変化を表し、「増える」は量の変化を表す。また、「行く」は空間の位置の変化を表し、「（時を）経る・遡る」は時間の位置の変化を表す。「崩れる」には位置の変化とともに形状という質の変化も認められる。また、ともに空間の位置の変化を表す「歩く」と「走る」は、地面に必ず片足がついているか否かの形態という質の違いがある。このように変化が複合している場合でも、その変化は変質、変量、運動、経過の4種類に還元されるはずである。
　すなわち、文を単位とする言語の本質が認識を表すことであり、認識が「事物とその変化」をとらえることであるならば、どの言語にも名詞と動詞は不可欠な品詞である。

構成要素	内容		形式
主語	人 ［+ animate］	事物 ［-animate］	名詞
直接目的語			
間接目的語			
動語	質の変化＝変質 量の変化＝変量 場の変化＝運動 時の変化＝経過		動詞

図表5　文の構成要素の内容と形式

4．他動詞と自動詞

　主語が他者に変化をもたらす他動詞文では、主語と直接目的語が同一でない。これに対して、主語が自己に変化をもたらす自動詞文では、主語と直接目的語が同一である。
　例えば（1）は他動詞文であり、（2a-c）は自動詞文である。英語では、主語と同一の直接目的語は言う必要がないとして、たいてい省かれる。敢えてこれを表現すると、変化の終わりが明示されて、動詞が強調される。
　しかし、イタリア語やフランス語では、より多くの場合に主語と同一の直接目

的語（直接再帰目的語）が表わされる。
　英語などは直接目的語の有無で他動詞と自動詞を区別する。一方、イタリア語やフランス語では直接再帰目的語で自動詞を特徴づける。また、日本語でも「自分を」は言わないのが常である。そして、両者は「とめる」「とまる」のような音変化で区別する。言語によって区別の方法は異なる。だが、主語と直接目的語が異なるのが他動詞で、同一なのが自動詞であることに変わりはない。
　2点を結ぶ1次元の時間には、二つの区別が考えられる。つまり、その2点が同一か同一でないかの2種類である。この関係に規定されているのが、自動詞と他動詞だと考えられる。形式文法では、直接目的語の有無を両者の区別とする。しかし、フランス語やイタリア語の自動詞には直接目的語がある。形式を生み出す内容にさかのぼると、他動詞と自動詞の違いは主語と直接目的語の同一性の違いだと言える。

（1）John stopped <u>me</u>.　　　　　　　ジョンが私をとめた。(S≠O) 他動詞
（2）a. John stopped （<u>himself</u>）.
　　 b. John <u>si</u> fermò.［イタリア語］　　ジョンはとまった。(S=O) 自動詞
　　 c. John <u>s'</u>arrêta.［フランス語］

5.　修飾語

1）形容詞と副詞
　事物は質と量から成り、空間と時間に位置を占めて存在する。
　事物を表す名詞が、これらの要素を分析して表すとき、名詞には修飾語が必要になる。それが、形容詞である。
　つまり、名詞は形容詞の束から成り、形容詞は質、量、場、時に帰せられる。
　事物に変化が起きるとすれば、質、量、場、時に起きるしかない。事物の変化を表わす動詞が、これらの要素を分析して表すとき、動詞は副詞という修飾語を必要とする。動詞は副詞の束から成り、副詞も質、量、場、時に帰せられる。つまり、質、量、場、時から成る名詞とその変化を表す動詞が、それぞれの要素を分析するとき、どの言語でも形容詞と副詞が必要になる。
　これらの修飾語は、その語を問う疑問代替詞によって区別される。

Ⅰ．文の深層構造

図表6　形容詞と副詞

被修飾語	修飾語		（疑問代替詞）
名詞「写真」	質形容詞	「色あせた」	どんな
	量形容詞	「一枚の」	いくつの
	場形容詞	「机の上の」	どこの
	時形容詞	「十年前の」	いつの
動詞「眠る」	質副詞	「静かに」	どのように
	量副詞	「一時間」	いくら/いくつ
	場副詞	「ベッドで」	どこで
	時副詞	「食後に」	いつ

2) 補　語

　事物の変化が静的なときは、動詞の修飾語に形容詞や名詞も使われる。形容詞は事物の静的な属性を表し、形容詞の束が名詞になる。

　英語の be のような存在動詞は情報量が少ないので、主語が「どのように（ある）」かという属性を表す修飾語を必要とする。このような品詞を越えた動詞の修飾語、つまり副詞の一つが「補語（C）」だと言える。

(3)　The moon is <u>down</u>.　　沈んだ。　　副詞
　　　月は　　　　<u>red</u>.　　　　赤い。　　　形容詞
　　　　　　　　　<u>a satellite</u>.　衛星だ。　　名詞

　補語はまた、変化の終りにある直接目的語が「どのように（する/なる）」かを静的に表すときにも使われる。

(4)　They made him <u>up as a clown</u>.　ピエロに扮装させた。　副詞
　　　彼らは彼を　　<u>tough</u>.　　　　　逞しくした。　　　　形容詞
　　　　　　　　　　<u>an athlete</u>.　　　運動選手にした。　　名詞

　これらの主語と直接目的語の属性を表す二種類の補語は、実は、同じ深層構造の異なる表層構造と捉えることができる。これについては、SV-cO 文型（p.109）の項で詳述する。

3) 副修飾語

　形容詞を修飾する語は「副形容詞（ad-adjective）」と呼ぶことができる（5a）。

また、副詞を修飾する語は「副副詞（ad-adverb）」になる（5b）。形式文法では、どちらも副詞と同じ形式をとるという理由から、すべて「副詞」とみなす。
　しかし、これらの役割は明らかに異なるので、両者は明確に区別されるべきである。

(5) a. Traffic cops were preventing people from making <u>perfectly</u> legal right turns.　GF　［副形容詞］
　　　 交通巡査たちは車がまったく合法的に右折するのを邪魔していた。
　 b. Her white wig was <u>partly</u> off her head.　BM　［副副詞］
　　　 彼女の白っぽいかつらは少しずれていた。

　なお、本書では、複文の一部を切り取った単文を、一つの認識を表す単位として例示する場合があることを断っておく。
　また、例文の和訳は、文脈に適した自然な日本語であることを重視した。例えば英語に主語があっても、日本語で主語を言うのが不自然な場合は敢えて訳していない。
　直訳的な構造は樹形図に示されている。

II. 英語の基本構造

英語の基本的な語順は（6）のようになる。

(6) 英語の基本構造

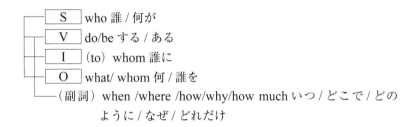

英語文において S、V、O、I の構成要素は、次のような品詞とその代替詞で表現される。

図表 7　英語文の構成

構成要素	S	V		O	I
品詞	①名詞	（助動詞）	②動詞	③名詞	④前置詞（代）名詞［人］
代替詞	⑤主語代名詞		⑥代動詞	⑦直接目的代名詞	⑧間接目的代名詞

　日本語では動詞が必ず文末に来るので、その前に多数の名詞が並ぶ。これらを区別するために、助詞が必要である。そこで、主語、直接目的語、間接目的語それぞれに「が」「を」「に」の助詞という印をつける。
　一方、英語の主語と直接目的語は動詞の前後という位置関係で区別される。したがって、前置詞、格、助詞といった印を必要としない。しかし、間接目的語は、その役割を示す印として to や for などの前置詞を伴う。to や for などの前置詞

は副詞句にもつく。しかし、利害を生じる間接目的語は人や擬人化されたものに限られるので、副詞句とは区別される。

　図表7の①〜⑧を用いた例が（7a-g）である。

　安藤（2005, p.23）は（7a）のような前置詞のない間接目的代名詞だけを間接目的語とし、（7b）の for his daughter のような前置詞句は副詞句だという。そして、（7a）の文型は SVIO だが、（7b）は義務的な副詞句 A を伴う文型 SVOA だと言う。しかし、語順を移動しただけで、間接目的語が修飾語になるという、質の変化が起きるだろうか。

　前置詞とは、名詞の役割を示すものである。言語によって方法は異なるが、それは、格、助詞、後置詞などに等しいものである。だとすれば、格で役割を示す代名詞は間接目的語だが、前置詞で示すと副詞になるというのは、納得しがたい。

　前置詞がないのも、前置詞の一形態である。動詞との位置関係によってわかるので、前置詞をつけないときもある。これも、ゼロ形態の前置詞である。前置詞が見えていればすべて副詞句とするのは、形式しか見ていない。

　（7c）の前置詞つきの間接目的語 for his daughter を代名詞化すると、間接目的代名詞 her になる（7d）。したがって、この前置詞 for は格に相当する、間接目的語の目印だと言える。

　直接目的語が名詞で示されているときは、人の目的格代名詞が間接目的語だとわかる。そこで、前置詞なしで動詞の直後に位置する（7d）。

　（7e）のように通常、直接目的代名詞と間接目的代名詞が並列されることはない。英語の直接目的代名詞と間接目的代名詞は同じ形をとるので、二つとも代名詞化して並列すると区別がつきにくい。ただし、イギリス英語では、ラテン系の言語などに見られるこのような例も見いだせる（108）。

　動詞は代動詞 do ＋直接目的代名詞で代替され、do it や do that 等になる。この場合、間接目的語は表すことができる。だが、buy the book 全体が do it（それをする）に含まれており、直接目的語は表出されない（7f）。その間接目的語は前置詞つきの for her である。そして、同僚の Campbell 教授（イングランド出身）によると do it her となる（7g）は、文とは認められないそうである。

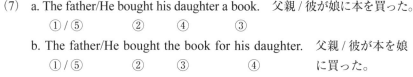

(7)　a. The father/He bought his daughter a book.　父親 / 彼が娘に本を買った。
　　　　①/⑤　　　　　　②　　④　　　③
　　b. The father/He bought the book for his daughter.　父親 / 彼が本を娘
　　　　①/⑤　　　　　　②　　③　　　④　　　　　　　に買った。
　　c. The father/He bought it for his daughter.　父親 / 彼が娘にそれを買った。
　　　　①/⑤　　　　　　②　⑦　　④

d. The father/He bought her the book.　父親/彼が彼女に本を買った。
　　① / ⑤　　　② 　　　⑧　③
e. The father/He bought it her.　父親/彼が彼女にそれを買った。
　　① / ⑤　　　②　　　⑧ ⑦
f. The father/He did it for her.　父親/彼が彼女のためにそれをした。
　　① / ⑤　　　⑥　⑦　④
g. *The father/He did it her.　父親/彼が彼女にそれをした。
　　① / ⑤　　　⑥ ⑦ ⑧

III. 英語の品詞

　主語、直接目的語、間接目的語は名詞で表され、動語は動詞で表される。そして、名詞の修飾語は形容詞で、動詞の修飾語は副詞である。これらの品詞分類を英語において見ておきたい。
　なお、文構造に組み込まれない呼びかけや感嘆詞、語や文を接続する接続詞は除外する。

図表8　英語の品詞

品詞			例
名詞 what	[具体名詞]		apple りんご　book 本
	[抽象名詞]		liberty 自由　importance 重要性
	名詞節（＝文）不定詞［to あり］　　　　　［to なし］動名詞		(the fact)(that) you won the race 君がレースに勝ったこと to run 走ること (Let me) go. (私に)行くこと（をさせてください） swimming 泳ぐこと
	代名詞	照応代名詞 疑問・感嘆代名詞 関係代名詞	I 私　you あなた　he 彼　she 彼女　it それ　this これ　that あれ what 何　who 誰　which どれ which, that ～するところのもの
動詞 do what	（助動詞＋）動詞		(do/will) come 来る（とも / だろう）
	代動詞		(He knew before I) did. (私が)知る（より前に彼は知っていた）
形容詞 what (kind of) whose	質形容詞		white 白い　long 長い　big 大きい
		前置名詞 所有形容詞 形容詞句 形容詞節 不定詞 現在分詞 過去分詞	post (office) 郵便（局） children's (song) 子供の（歌） (a picture) of great value 非常に価値のある（絵） (the box)(that) he opened 彼が開けた（箱） (the room) to be cleaned 掃除される（部屋） laughing (children) 笑っている（子供たち） ironed (shirt) アイロンがけされた（シャツ）
	量形容詞 how many/much	基数形容詞 倍数形容詞	much/many 多くの　a few/a little 少しの　no (money) 無（一文） one 一つの　two 二つの double 二倍の　triple 三倍の

Ⅲ．英語の品詞

	場形容詞 of where		urban 都市の arctic 北極圏の
		前置名詞	sea（breeze）海からの（風）
		序数形容詞	first 第一の second 第二の
		所有形容詞	hotel's（bar）ホテルの（バー）
		形容詞句	(books) in the library 図書館にある（本）
		形容詞節	(the bag)(that) he brought into the aircraft 彼が機内に持ち込んだ（鞄）
		不定詞	(migratory birds) to come to the lake その湖にやって来る（渡り鳥）
		現在分詞	(guests) staying at the hotel ホテルに滞在している客たち
		過去分詞	(a clock) mounted on the wall 壁に掛けられた（時計）
	時形容詞 of when		nocturnal 夜間の last（Monday）この前の（月曜日）
		前置名詞	day（pack）日帰り用（リュック）
		所有形容詞	today's（news）今日の（ニュース）
		形容詞句	(a ring) at midnight 真夜中の（電話）
		形容詞節	(the meeting)(that) we had in the morning 午前中に行った（会議）
		不定詞	(days) to come 将来の（日々）
		現在分詞	passing（time）過ぎ行く（歳月）
		過去分詞	(the summer) gone by 過ぎ去った（夏）
	代形容詞	照応代形容詞	the その a ある this この such そのような [質] my 私の [所有]
		疑問・感嘆代形容詞	what（color）何（色）の whose 誰の which どの
		関係代形容詞	whose それの / その人の
副詞	質副詞 how why		carefully 注意深く slowly ゆっくりと perfectly 完全に
		前置詞なし名詞	(Do it) the way I told you. 私が言ったように（しなさい。）
		副詞句	by bus バスで in silence 黙って with pleasure 喜んで
		副詞節	if it rains 雨が降れば as he was young 彼は若かったので
		現在分詞	(walk) singing 歌いながら（歩く）
		過去分詞	Given the opportunity,（he〜）チャンスがあったので（彼は〜）
	量副詞 how much/many		much おおいに a little 少し not しない / でない
		倍数副詞	once 一度 twice 二度
	場副詞 where		up 上に down 下に abroad 外国で
		前置詞なし名詞	(go) home 故郷に（帰る）(come) this way こちらに（来る）
		副詞句	on the ground（地上で）(bear) in mind 心に（留める）
		副詞節	where he has to endure 彼が耐えなければならないところで
		不定詞 [to なし]	(come to) see 会い（に来る）
			(they are going to) marry（彼らは）結婚するところ（に行っている）＝結婚するつもりだ
		現在分詞	being here in London ここロンドンにいて
		過去分詞	stuck in the air port 空港で足止めされて
	時副詞 when		now 今 always いつも
		前置詞なし名詞	(wait)(for) a minute ちょっと（の間）（待つ）
		副詞句	in May 5月に till to be found 発見されるまで
		副詞節	when the morning sun rises 朝日が昇るとき

		不定詞［to なし］ 現在分詞 過去分詞	to be twenty 二十歳になるまで starting new semester 新学期が始まり ended September 9月が終わって
	代副詞	照応代副詞 疑問・感嘆代副詞 関係代副詞	here ここで［場］ then そのとき［時］ thus そうして［質］ where どこで when いつ how どのように why なぜ where 所で when 時に how 様に why という理由で
副形容詞			very（good）とても（良い） somewhat（short）いくぶん（短い）
	代副形容詞	照応代副形容詞 疑問・感嘆代副形容詞	so（nice）そんなに（素敵な） how（old）どれぐらい（古い）
副副詞			very（early）とても（早く） somewhat（late）いくぶん（遅れて）
	代副副詞	照応代副形容詞 疑問・感嘆代副形容詞	so（easily）そんなに（簡単に） how（much）どれぐらい（たくさん）

1. 名詞

　外界で目に見えるものを表す品詞は、名詞だけである。そこで、名詞は文の構成要素だけでなく形容詞句や副詞句にも使われ、一つの文に数多く現れる。

　名詞には知覚可能な事物を指す具体名詞と、知覚物から引き出される事柄を指す抽象名詞がある。

　具体名詞は、単語や単語の組み合わせから成る。

　一方、抽象名詞が示す事柄は文、不定詞、動名詞という動詞を含む形態でも表される。これらの形態は、知覚した事物から認識される事物の変化という抽象的な概念を表す。したがって、すべて「～すること」と訳すことのできる抽象名詞である。

　代名詞では、すでに知っているものと照応する「照応代名詞」がまず、あげられる。

　1人称のI、weは話し手とその延長であり、2人称のyou（単数・複数）は聞き手とその延長であることが了解されている。そして、3人称のhe、she、itなどは、他の名詞に置き換えて照応元を明示することができる。

　「疑問・感嘆代名詞」は、これに置き換える名詞を聞き手に問うもので、その目的が疑問のときは疑問代名詞になる。また、話者がその答えを知っていながら、敢えて聞き手に答えさせようとするときは、感嘆代名詞になる。

　関係代名詞は、二つの文で重複する名詞の一つに代わって、その名詞を説明する形容詞節を導く。例えば主文の直接目的語problemsが形容詞節の主語と同一の場合（8）、形容詞節の主語は照応代名詞whichに代わって主文の名詞

problems と並び、この先行詞を修飾する形容詞節を導く。

(8) Bravely and sensibly she faces the problems which come to every girl of eighteen.　BS
18歳の女性なら誰でも直面するいろいろな問題に、彼女は雄々しくもまた賢明に立ち向かう。

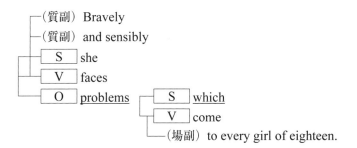

(9) も本来は先行詞を fact とする関係代名詞 that を用いた構文である。しかし、fact という先行詞は言わなくてもわかるので、通常表現されない。そこで、that は関係代名詞の役割を失い、名詞文を導く接続詞とされている。

(9) He knew the wheel was wired.　FM　電線が仕込んだあったことは承知していたさ。

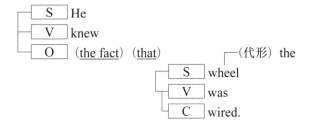

2. 動詞

　英語の動詞は、単独の場合と助動詞との組み合わせの場合がある。
　助動詞は活用を担い、否定文や疑問文では動詞と分裂して動詞の語順を保持する。そして、肯定文に助動詞 do が出現すると、動詞の存在が強められ「たしかに」といった意味になる。

(10) We did have a Jack.　MI　たしか、ジャックとかいう人物がいたな。

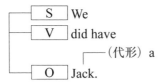

can、will、shall などは動詞に意味を加えるが、do にはその動詞以上の意味はない。そこで、do は動詞全体に代わる代動詞になることがある。

(11) You knew him before I did. TD　私が知るより前にあなたは彼を知っていた。

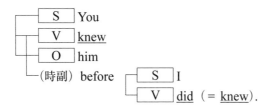

3. 形容詞

質形容詞は what（どんな）という疑問に答え、量形容詞は haw many/much という疑問に答える。また、質を問うには what kind of という言い方もある。日本語では「どんな種類の」だが、英語では、「本のどんな種類」である。つまり、この場合、book は kind という名詞の修飾語 of book の一部になり、what book（どんな本）とは構造が異なる。(n：名詞類、aj：形容詞類、av：副詞類)

(12) どんな種類の本

```
        ┌─(質形) what　どんな
  [ n ] kind　種類
        └─(質形) of book　本の
```

また、five pounds of butter のような単位を用いた量の場合も、日本語の「5

III. 英語の品詞

ポンドのバター」が英語では「バターの 5 ポンド」である。したがって、これも how much butter（どれだけのバター）とは、構造を異にしている。

(13)　5 ポンドのバター

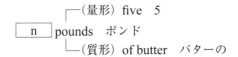

同様に、量形容詞で名詞と前置詞を用いる場合も日本語の「たくさんの本」は、英語では「本の大量」になる。ゆえに、量形容詞句というのは見出し難い。

(14)　たくさんの本

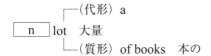

one、two、three といった基数形容詞は数量を表すが、first、second、third といった序数形容詞は位置を表す。一義的には目に見える空間の位置を表すので、場形容詞だといえる。これが派生して the <u>first</u> train（始発列車）では時形容詞になり、<u>firt</u> class（第一級）では質形容詞になる。

つまり、質、量、場所、時間が不可分であるなら、これらは互いに関連しあう。そして、その役割は、それを問う疑問詞で区別される。例えば big（大きい）は量に関わるが how（どんな）に答えるので、質形容詞である。

照応代形容詞は、既知の形容詞を代替する。これには、冠詞、指示形容詞、所有形容詞が含まれる。

the は定冠詞、a は不定冠詞と呼ばれているが、その内容的な違いは「既知」か否かである。

例えば、(16) の the は (15) の形容詞類のすべてを既知のものとして代替している。

そして、そのような既知の形容詞が不在の場合には、ゼロ指標である a が使われる。したがって、冠詞とは、既知の情報がゼロの時の「未知」も含めて、既知の形容詞を代替する照応代形容詞だといえる。

ちなみに、冠詞のなかったラテン語の指示形容詞から冠詞が生まれことからす

ると、冠詞は同じ照応代形容詞である指示形容詞の簡略化とみることができる。

(15) <u>a middle-aged</u> man <u>wearing a dirty raincoat, who badly needed a shave and looked as though he hadn't washed for a month</u>　UE
よごれたレインコートを着て、無精ひげをのばし、ここ一カ月も洗ったこともないような顔の中年男

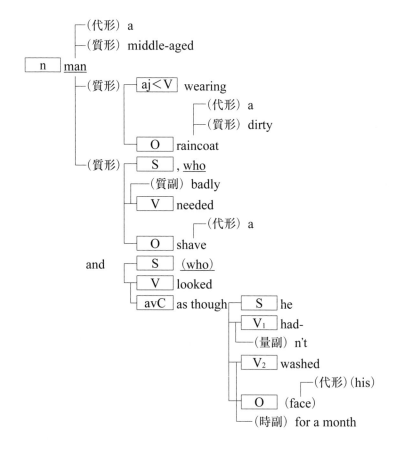

(16) <u>the</u> man　その男

4. 副詞

　質副詞は事物の質の変化を表す。そのため、多くは事物の質を表す質形容詞の派生語になる。

　名詞の修飾語である質形容詞では、可視物の名詞が手掛かりになる。しかし、事物の変化という抽象的な事柄から引き出される副詞において、質はさらにとらえにくい。そこで、副詞は形容詞から派生される。英語の副詞は形容詞に -ly をつけて派生されるが、hard（きつく / きつい）、early（早く / 早い）、late（遅く / 遅い）などはドイツ語のように形容詞と副詞の形態が同じである。このことは形容詞と副詞の平行性を示している。

　質は複合的で、量や時のように計量することが困難であるし、場のように目に見えるとも限らない。したがって、事物が質、量、場、時の 4 要素からなるなら、量、場、時以外のものは質とみることになる。つまり、量副詞、場副詞、時副詞以外の雑多な動詞の修飾語は、すべて質副詞とみなさざるをえない。

　いわゆる文副詞について、考えてみよう。文副詞とは文全体を修飾する副詞であって、動詞を修飾する副詞ではないとされている。

　しかし、例えば「He is not a student.（彼は学生ではない）の not は動詞だけを否定しているのであって、文全体を否定しているのではない」と言えるだろうか。他の要素を関係づける動詞が否定されているということは、認識の総体の否定につながる。動詞が示す時間が否定されるなら、時間と相関する空間も存在しえない。4 次元の認識は要素の相関において存在しているのであり、時間を欠いた空間は存在しえない。

　動詞が表す動語は、主語、直接目的語、間接目的を時間で結びつける。したがって、その時間の否定は認識全体の否定を意味する。これはいずれかの要素に no one や nothing を使えば、認識全体が否定されるのと同じである。したがって、動詞の否定は、すなわち文の否定になる。

　では、文副詞とは何か。(17a-c) の言い換えを見ると、文副詞は、副詞句を短縮して、文頭に置いた副詞である。つまり、文副詞とは、副詞句の短縮化だといえる。

　文副詞が他の副詞と違うように感じるのは、副詞句を一語の副詞で表しているからである。その副詞句はやはり、動詞を修飾している。したがって、文副詞も短縮前の副詞句と同じく、文の要である動詞の修飾語である。

(17) a. Frankly (speaking), 　　　　はっきり言って、
　　　　= Speaking frankly,
　　b. Economically (speaking), 　経済的にみると、
　　　　= In an economical poin of view,
　　c. Of course, 　　　　　　　　当然のことながら、
　　　　= As a matter of course,

　場副詞も場形容詞と同じく、名詞を使って表現される。なぜなら場は他の事物との関係において位置づけられるからである。それゆえに、場副詞に使われる前置詞（in、on、at、from、to、for、by 等）は多様である。
　近接未来を表す be goint to + to なし不定詞は、場の移動を時間の進行に置き換えた表現である。場の移動では going to the park（公園に行っている）、のように to + 名詞が目的地になる。不定詞の to + 動詞が名詞であるなら、時間の進行の目的である行為は本来、to + to + 動詞となるべきである。しかし、ここでは to が一つに集約されている。

(18) I was going to collapse.　FW　私は卒倒しそうだった。

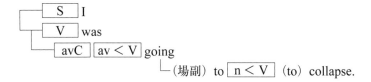

(19) I'm going to town.　MQ　町に行ってくるからな。

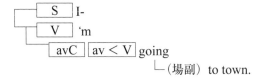

　スペイン語ではこの逆に venir de 不定詞 "come from 不定詞" で「〜したばかりだ」といった表現もある ; Vengo de comer.（私は昼食をとったばかりだ）。しかし、このような表現は英語では見出し難い。
　時副詞には、数字や曜日や月などの限られた名詞が用いられ、名詞だけで時副詞であることがわかる。そこで、前置詞なしの名詞だけで、時副詞になる場合が

ある。例えば、from now（今から）に前置詞はあるが、(at) now に通常、前置詞はない。now、today、tonight、yesterday、last naight 等は本来名詞であるが、それだけで時副詞になる。これは、英語や日本語に限ったことではない。

時副詞の now や today は現在を起点にして時間の位置を表すが、always や often は頻度を表す。時副詞にはまた、for a long time（長い間）のように時間の長さを表すものもあり、様々な観点から変化の時間を表現する。

関係代副詞も、関係代名詞と同じように先行詞を代替し、副詞節を導く。

(20) I brought her <u>here,</u> <u>where</u> she can rest some before she gets mixed up in the excitement of town.　LA
町のあの騒ぎに巻きこまれないで休めるところ、ここに私が彼女を連れてきたわけです。

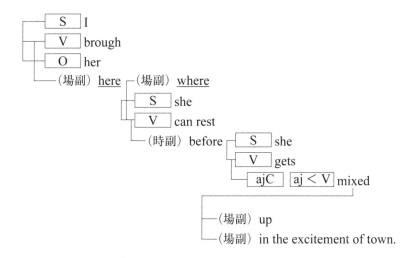

5. 副形容詞と副副詞

形容詞を修飾する副形容詞と副詞を修飾する副副詞は、どちらも区別なく「程度の副詞」と呼ばれてきた。この理由は、副形容詞・副副詞に副詞と同じ -ly で終わる形態のものが多いからだと考えられる。very のようにもっぱら副形容詞・副副詞のものや pretty のように形容詞と同じ形態をとるものもあるので、これらは形態ではなく役割によって区別されるべきものである（(5a-b) 参照）。

(21) really good brandy　JB　すばらしくおいしいブランディ

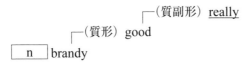

(22) Marty stood perfectly still again.　KR　マーティは再びすっくと立ちあがった。

(23) He was much older than she.　MT　夫はずっと年上だった。

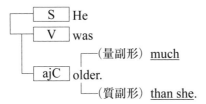

(24) You've done extraordinarily well so far.　SA　それにしても、あなたは驚くほどよくやったものだ。

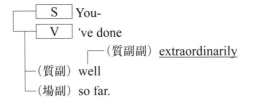

6. 否定

英語の否定には部分否定と全否定がある。

部分否定では、(25) の not (all) や (26) の no (great) のような形容詞だけを否定する副形容詞や、(27) の no (further) のような副副詞があげられる。

(25) Not all the people in Bombay are starving. WG　ボンベイの人が皆、餓死しかかっている訳ではありません。

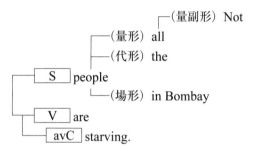

(26) He was no great trouble to us.　SS　彼はそんなに手のかかる人じゃなかった。

(27) The conversation went no further.　AM　会話はそれっきり途絶えた。

　英文の全否定は、否定名詞（28）、否定動詞（lack（欠く）、absent（欠席する）、disregard（注意しない）等、否定の副詞を含む動詞）、名詞を否定する形容詞（29-30）、それに動詞を否定する not 等の副詞で行なわれる。
　否定とは存在の度合いが０％であることを意味する。それゆえに、(30) の量形容詞 zero は否定形容詞 no に置き換えることができる。
　名詞の否定がゼロから大量に至る量の問題であるなら、little/few（ほどんどない）といった量形容詞も否定の延長上にあると言える。さらに、abent（不在の）といったゼロ量を表す形容詞も事物の存在を否定する。

(28)　Nobody will bother you.　FW　誰も邪魔はしない。

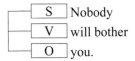

(29)　The river made no sound.　BR　川は音もなく流れていた。

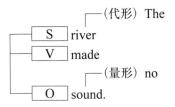

(30) Zero residual presence. MI　残留物は一切なしだ。

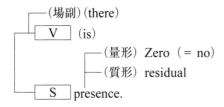

　否定の副詞は動詞を否定する。つまり、多くの要素を束ねる動語を否定することで、文全体の成立を否定する。
　否定が存在の可能性の％を表すならば、おおよその段階付けは図表9のようになる。これに very、almost、ever などの修飾語をつけるとさらに細かく段階づけられる。
　表中の Ø は否定の要素がないときで、存在が100％ある、肯定を表している。つまり、文に否定の要素がないときは、肯定文である。この肯定を明確に表現するときは 有量の副詞 yes が挿入される：Why yes you can. CH（そりゃ、できるわよ）。
　一方、存在が0％なのは not を用いた否定文になる。yes が有量の副詞なのに

図表9　英語の否定

存在の可能性	名詞	量形容詞	副形容詞	動詞	副詞				副副詞
					量副詞	時副詞	質副詞	場副詞	
↑		very much/many much/many			very much much	for ever always			
100％	(yes)			Ø					
↓		a little/a few little/few			a little little	frequently often sometimes ocasionally seldom /scarecely /rarelly	usually /normally /generally hardly		
0％	nobody / nothing /none	no(one/body etc.) /zero /absent	no not	lack absent	not				no
↓					never	nohow/no + way	nowhere		

対して、notやnoは無量の副詞といえる。そして、その間にある様々な副詞は存在の％を段階づける。

例えばHe works.（彼は働く）には100％量の存在があるが、He works a little.（彼は少しだけ働く）、He works little.（彼はほとんど働かない）、He does not work.（彼は働かない）と段階的に働く量が減っていく。逆にHe works very much.（彼はとてもよく働く）になると、He works.より働く量が多くなる。

動詞が示す変化の量は、それが継続する時間で計ることもある。例えば「彼はほとんど働かない」はlittleという量副詞で表されることもあれば、He seldom/scarecely /rarely works.と時間の少なさを表す時副詞で表されることもある。またHe hardly works.は困難さを示す質副詞で可能性の低さを表す。

notを強調する否定語としては時副詞のnever（かつてない）が用いられる。neverは本来今までになかったことを指すが、それを延長して現在や未来の否定にも強調的に使われる。同様にno way（どんな方法でもありえない）やnowhere（どこにもない）も、notより強い否定を表す。

事物の存在は量が前提になる。量があって質が生じ、場所と時間を占める。したがって、否定は第一に量の問題であり、存在の可能性がゼロの時、量副詞notが用いられる。そして、事物の量よりも感覚的に長さが計りやすい時間の量を表す時副詞が、量副詞の間を埋めて詳細に量を段階付ける。

Sweet（1891, § 366）や安藤（2005, pp. 659-60）は、音省略の位置によって以下のような違いがあるという。

a. He isn't a fool. = I deny that he is a fool. 文否定

b. He's not a fool. = I assert that he is the opposite of a fool. = He is no fool. 構成素（名詞）否定

しかし、b.がfoolだけを否定して、他の部分は肯定しているという考えは納得しがたい。

認識が各要素の相関において成り立っているのなら、空間の否定は時間の否定につながり、名詞の否定は動詞の否定につながる。だからこそ、図表9でみるような様々な否定の表現がありうる。

したがって、a.もb.も、He is no fool.も、ともにHe is a fool.という文を否定しているとみるべきである。

IV. 英語における文の構成要素

1. 主 語

　語順で文法関係を示す英語では、語順を保持するためにダミーの主語 it を動詞直前に置く。そして、後続の分離主語で内容を説明する。主語、動語、直接・間接目的語は、なるべく前に出して文法関係を明らかにする。それ以外の長い語句はすべて後回しにして、前置詞や関係詞などで区別する。この語順保持のために、代名詞がダミーとして使われる。

　(31) の主語 it は形容詞節を伴う名詞 idea のダミーである。(32) では長い不定詞の主語が語頭にある。このような主語を、it で語順を確保しながら、後置したのが (33) で、it〜to 構文と呼ばれる。(32) や (33) の不定詞の主語は不特定である。しかし、主語が特定されるときは主語を備えた文を主語とする、it〜that 構文が用いられる (34)。

(31) It is so pretty an idea we have seen it done once in Styria.　EE
　　　S₁V　　　　　S₂
私たちがかつてシュタイアー（オーストリアの都市）でそうしているのを見たことがあるというのは本当に巧い考えだった。

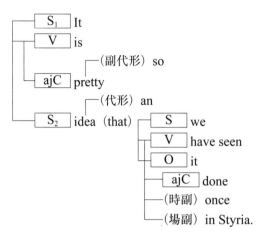

(32) To arrive before the time would look over-eager.　SA　約束の時間前に着いたのでは、相手に甘くみられるだろう。

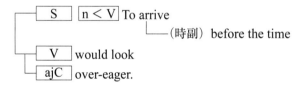

IV. 英語における文の構成要素

(33)　It's pretty hard to tell a car from in front at night.　TB
　　　S₁V　　　　　　S₂
　　夜、正面から車を見分けるのは至難の業だ。

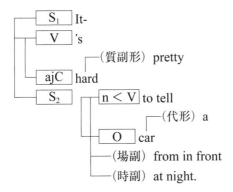

(34)　It was understood (that) he would not drink.　VS
　　　S₁ V　　　　　　S₂
　　彼が酒を飲まないことはわかっていた。

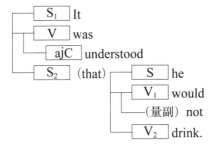

　(35) では長い場副詞が動詞の前にあり、主語は動詞の後にある。(36) ではこのような場副詞₁を there というダミーで動詞の前におき、場副詞₂で場所を詳述する。しかし、(37) では、場副詞₁も場副詞₂も同じ there である。したがって、it と同類の代替詞 there をダミーにするというよりも、動詞前の語順の確保が重視されている。そして、(38) では場副詞₂はなく、動詞前の場副詞 there が本来の主語の位置につく。
　この there be 構文のように、前置されるものが主語でなくても動詞を2番目の位置に確保する「動詞第二位語順」は、ゲルマン系言語（ドイツ語、オランダ語、デンマーク語、スウェーデン語、ノルウェー語等）に共通して見られる。

(35) A little farther along the passage on the left was a second door.　SA
廊下をすこし行った左手に、第二のドアがあった。

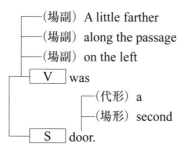

(36) There was a large table in the center of the room.　MD　部屋の中央
に大きなテーブルがすえてあった。

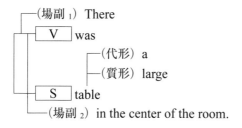

(37) There is not much cover there to conceal anything.　HM　そこには
隠せるような被いはあまりないのですよ。

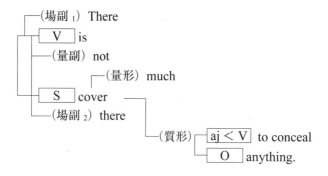

Ⅳ．英語における文の構成要素

(38) There are one or two indications.　HB　注目すべき点が二、三あります。

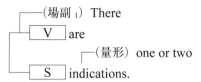

2. 直接目的語

主語と同様に、直接目的語も長い場合は it というダミーで動詞直後の語順を保持し、後続の分離要素で内容を詳述する。

(39-40) では動詞直後の O_1 を、that 以下の O_2 で説明している。

(39) において、本来質形容詞である just（公正な＞ぴったりの）が時副詞になっているのは、just now（たった今）の副副詞だけが副詞化したものとみられる。just を修飾している only は、本来、数形容詞 one から派生した量副詞であるが、ここでは副詞 just を修飾しているので、量副副詞だといえる。さらに、この only だけが時副詞として only just now（まさにたった今）を意味する例が (114) にみられる。

(39) He took it for granted that I had only just come upon the scene.　AS
彼は私がたった今来たところだととってくれたらしい。

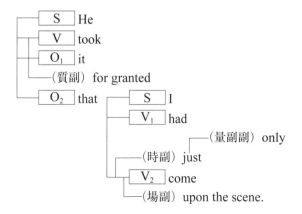

(40) I found it strange that neither I nor the day seemed in a mourning mood. SS 僕も、この陽光も、どちらも喪に服する気分になっていないような気がして、妙だった。

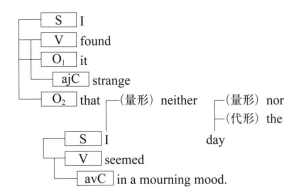

直接目的語が直接話法文のとき、文中に主語、動詞が入って、直接目的語が分断されることもある。

(41) "Life," moralized Tuppence, "is full of surprises." SA 「人生って、意外なことばかりですわね」と、タペンスは教訓を述べた。

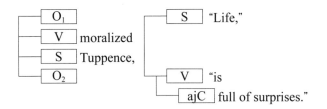

take part（参加する）、get hold（つかむ）、have a word（話をする）のような表現では、直接目的語によって動詞の意味が定まる (42)。語彙的な意味に乏しい動詞の意味が、直接目的語によって決まる。これは、「ある」という動詞 be の意味が「どのように」という補語によって決まるのと似ている。

Ⅳ. 英語における文の構成要素

（42） Take a look at the buff. HL バッファローを見に行くんです。

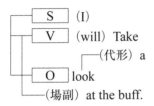

直接目的語が不定詞の場合もある。(43) の直接目的語 to look at this card, は to のある不定詞である。この文は、直訳すると「私が（S）あなたに（I）〜することを（O）欲する」という構造になっている。

また、(44) の let のように、直接目的語が不定詞になることが多い動詞では、不定詞を特徴づける to が消失する。なお、この文の間接目的語である the door は、利害を生じるものとして擬人化されている．

（43） Now I want you to look at this card. FA　さて、このカードを見てほしい。

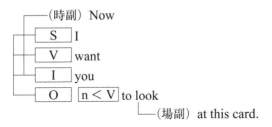

(44) They didn't even let the doors swing.　FW　彼らはスイングドアを揺らしもしなかった。

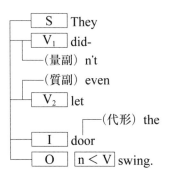

動名詞が直接目的語の時は、同形の現在分詞との区別に注意を要する。例えば、(45) の talking という動名詞は、(46) の不定詞 to get up from my chair, と同じく直接目的語である。しかし、(47) の going という現在分詞は、keep (yourself) という自動詞を修飾する質副詞である。

(45)　We started talking.　SK　私たちは話し始めた。

(46)　I started to get up from my chair.　TB　私は椅子から腰を上げかけた。

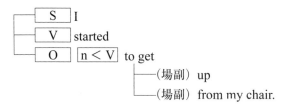

(47) Keep going.　SL　続けてくれ。

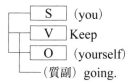

3. 間接目的語

　利害を生じる間接目的語は、人や擬人化されたものに限られる。そこで、動詞直後の単音節人称代名詞になり、その後に修飾語を伴う長い直接目的語が置かれることが多い。

(48)　I asked him to stay close to the white line.　PB　あたし彼に頼んだのよ、センターライン寄りに走るようにしてって。

　しかし、直接目的語が代名詞の時は単音節なので、間接目的語の方が後に置かれることがある（49）。前置詞が明示されると、場副詞と同じ形態になる。けれども、利害を生じる第三者を示しているならば、後置形も間接目的語である。
　このとき移動先を示す前置詞 to が用いられるのは、なぜか。その理由は、事物が移動するとその移動先で利害が生じるからだと考えられる。それゆえに、give、show、lend、tell、teach など、間接目的語が to で導かれる動詞には事物の移動が見られる。さらに、日本語で「に」、スペイン語やイタリア語で a、フランス語で à を伴う間接目的語も移動先と形態が一致している。

(49) She had already told it to you.　FW　彼女はもう君にそのことを話していた。

　間接目的語は事物の移動先だけでなく、移動の起点にある場合も考えられる。このような移動元にある間接目的語には、分離の前置詞 of が用いられる。(221) の ask of（人）（（人）から聞き出す）や（222-23）の want of（人）（（人）に望む）などもこれに類する。

(50)　Getting on her knees, she asked a favor of him.　『新約聖書』「マタイによる福音書」20:20-28　ひざまづいて、彼女は彼に願い事をした。

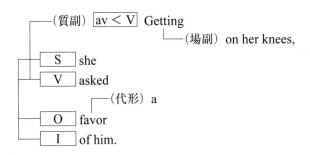

　一方、事物の移動よりも利害を重視するときは、利害を表す前置詞 for が使われる（51）。事物の移動が利害につながる動詞としては、buy、pay、make、send などが挙げられる。

Ⅳ. 英語における文の構成要素

(51) I'll send my car for you.　TB　俺の車をお前によこしてやるよ。

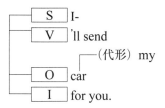

　第三者に利害が生じるのは、事物の移動や授受だけではない。上記のようなSVOI完全文型によく見られる動詞でなくても、どんな変化も第三者に利害を生む可能性がある。
　(52-54) のような前置詞を伴う間接目的語が一語で代名詞化された例は、本書の英文データに見当たらなかった。しかし、その意味するところが受益者であるならば、間接目的語だとみなされる。
　スペイン語では、(52) のように間接目的語が一語で代名詞化されて動詞の前に置かれる : El portero me abrió la puerta（the doorman me opened the door）。また、日本語では、全般に代名詞の使用は避けられる。名前のあるものを「これ」「それ」「あれ」に代えるのは、失礼なうえに不正確だとされるからである。つまり、代名詞化するか否かは表層の個別言語によっており、深層の役割を変えるものではない。

(52) A doorman opened the door for me.　TB　ドアマンの一人が私にドアを開けてくれた。

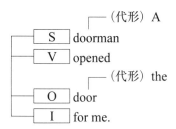

　(53) は tell と同じように、言説の移動を伴う say の例である。(49) の told to you は told you と代名詞化されるが、(53) のような said to me が said me になる例は見出し難い。(54) には say me が見られるが、この場合はネイティブアメリカンの片言英語を表しており、told me to bring の代わりに say me bring

37

と言うことに違和感があることを利用している。

しかし、(49)の(told) to you と(53)の(said) to me はどちらも言説の移動先であり、そこに利害が生じる第三者を表している。したがって、このような例を見ても代名詞化の可否という形式的な基準ではなく、深層の構造に基づいて、どちらも間接目的語とみるべきである。

(53) The man said names to me I could not allow. FT　その男は俺に許せねえような悪口を言ったんだ。

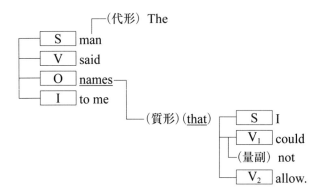

(54) He say [原文のまま] me bring you in fiery chariot. FW　彼はあなたを火のついた馬車で（＝大急ぎで）連れて来いといった。

(53)では、to me が続いた say も、(55)では for you が続いている。また、(56)の bring は to me と続くが、(57)の bring は for you と続く。つまり、同じ動詞で表される変化でも、移動先を重視するときは to を使うが、利害を重視するときは for を使う。

なお、(57)の just は、Just a moment.（ほんのちょっと（待って））や Just my luck.（まったくついてない）に類するもので、for you という前置詞つきの

Ⅳ．英語における文の構成要素

名詞句を修飾する形容詞だと言える。

(55) I will say that for you.　TB　お前のためにそれを言ってるんだ。

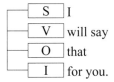

(56) They bring it to me, tied up with ribbon.　TB　向こうがリボンをかけてもってきてくれるわ。

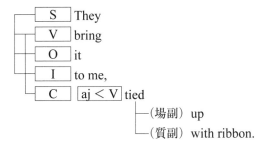

(57) I'm bringing this smashing girl, just for you─a friend.　WG　あなたの「友だち」にするのにぴったりの、イカす女の子を連れていくわよ。

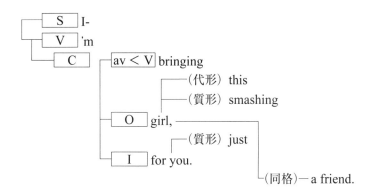

間接目的語を示す前置詞 to、of、for は、どのような関係にあるのだろうか。
(58) には、間接目的語になりうる二つの形態 to + 人（to the committee）と

for + 人（for you）の二つが含まれている。しかし、間接目的代名詞の you は for you に代わるものである。そこで、この場合、to the committee は場副詞とみなされる。つまり、間接目的語が利害を生じる第三者を表すなら、利害を示す for を伴う語の方が、場所を表す to（移動先）や of（起点）（(50, 221-23)）を伴う語よりも、間接目的語として優先される。そして、変化の影響は変化の始点よりも、終点に起きやすい。それゆえに、間接目的語を示す前置詞は始点を示す of よりも終点を示す to の方が、頻度が高いのだと考えられる。

(58) I'll give you a blow to the committee. RD おれはおまえのために委員会の連中に吹聴するつもりだ。

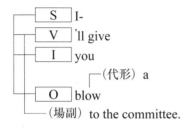

第三者に利害が生じるのは、他動詞だけとはかぎらない。変化が自己に始まり自己に終わる自動詞であっても、変化の外にある第三者に利害が生じることもある。

(59) では「一人で行く方がよい」という自動詞文が、「俺には」という受益者に影響を与えている。また、(60) では、「バッファロー・バーが怖いところに聞こえる」という自動詞文が、「私にさえ」という間接目的語に利害を生んでいる。なお、(60) の even（for me）は、例えば Even I can do it.（私でもできる）において主語についている even が、間接目的語についたものと考えられる。この形容詞を「（高さが）等しい、同じ」という原義に即して訳すなら「（あなたと）同じ私ができる」ということになる。

Ⅳ．英語における文の構成要素

（59）　It would be better for me to go alone.　FW　一人で行く方が俺には良いかもしれない。

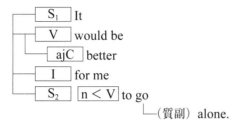

（60）　The Buffalo Bar sounds, even to me, like a terrible place.　JB　バッファロー酒場は、ぼくにさえ、ひどいところのように思えた。

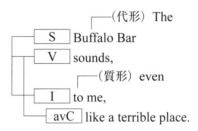

4．動　語

　英語の疑問文は基本的に、主語と動語の位置が逆転することで示される。(61) のような動詞 be は、単純に主語と位置が入れ替わる。

（61）　<u>Are</u> <u>you</u> ready to start?　HL　もう出発できるのか。
　　　　V　S

　しかし、動詞 be 以外の動詞では、do、can などの活用を担う助動詞が主語の

41

前に出て第一動語になり、無活用の動詞が第二動語として後に続く。英語文はこのような動語の分裂によって、VS という疑問文の語順を保持する。

(62) Did you get the medicine?　FT　薬は飲んだのかい。
　　　 V_1　S　V_2

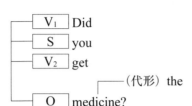

(63) Can you come right away?　TB　すぐに来られるかい。
　　　 V_1　S　V_2

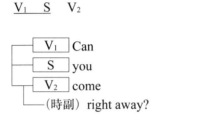

さらに、このように分裂した動詞 did が、再び前の語にくっついて語数を減らす did の音省略が口語ではみられる。

(64) How many'd you do last night?　CA　昨夜は、（取扱い貨物は）何個だった。

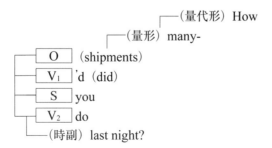

(65) What'd they do the first night?　CA　最初の夜はどうだった。

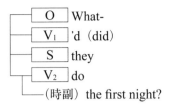

本動詞 have の疑問形も第二動詞を用いて Do you have ... になるはずである。だが、語順の入れ替えだけのイギリス式疑問文 (66) からは、have という動詞の動詞 be に近い汎用性が伺える。

助動詞 can、may、will、shall 等は可能、許容、意志、推量などの意味を動詞に加える。さらに、人称による活用を失った口語の wanna (< want to) も、can (< ゲルマン語 cunnam; know to) と同じ道をたどって助動詞化しつつある。一方で、「する」以外に特別な意味を持たない助動詞 do は、(11) で見たように動詞全体に代わる代動詞になりうる。

(66)　<u>Have</u> <u>you</u> any better explanation?　HB
　　　 V　　S
　　　他にもっといい説明がありますか。

このような動詞の分裂は否定文にも見られる。
(67) に見られるように英語の否定文は、動詞の直後に not が来る。この語順を保つために活用を担う助動詞を not の前に出すと、(68-69) のような否定文になる。

43

(67) Eric <u>is</u> <u>not</u> eleven yet.　TP　エリックはまだ11才になっていない。
　　　S　V not

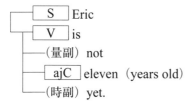

(68) It <u>may not</u> have anything to do with the Jeeter case.　TB
　　　S $\underline{V_1\text{ not}}$ V_2
　　　そいつはジーターの件とは無関係かもしれない。

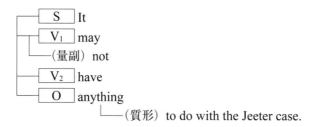

(69) The owner here <u>does not</u> think it fair.　PL
　　　　　S　　　$\underline{V_1\text{ not}}$　V2
　　　ここにおられる持ち主はその値が公平でないとおっしゃる。

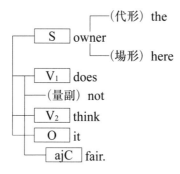

5. 修飾語

1) 形容詞と副詞

辞書の見出し語では、形容詞と副詞は別の品詞として区別される。しかし、前置詞と名詞からなる形容詞句と副詞句は、同じ形をとる。

例えば from Lacey は「レイシーからの」と形容詞句と取ることもできるし (70)、「レイシーから」と副詞句と取ることもできる (71)。しかし、「レイシーからもらう」よりも「レイシーからの手紙」の方が、名詞句として定着していると思われる。したがって、この場合は形容詞句である可能性が高い。

つまり、動詞＋副詞句と名詞＋形容詞句のどちらがより頻度が高く、結びつきが強いかによって、両者は区別される。

(70) You got a letter from Lacey?　NC　レイシーさんの手紙を持っているでしょうね。

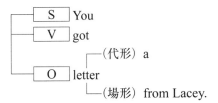

(71) レイシーさんから手紙をもらったんでしょうね。

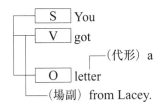

2) 副詞と補語

動詞 be は常に修飾語を必要とし、それには形容詞も名詞も用いられる。そこで、be の修飾語は他の動詞の修飾語と区別して、「補語」と呼ばれる。しかし、「補語」も品詞を超えた動詞 be の修飾語、すなわち副詞の一つである。

ゆえに、同じ副詞句でも be の修飾語である (72) の in the office は補語とさ

れるが、drove という動詞の修飾語の from the office は副詞とされる。

(72) Mrs. Laura Lyons was in her office.　HB　ローラ・ライオンズは事務所にいた。

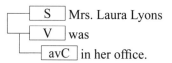

(73) George drove me home from the office.　TB　ジョージは私を事務所から家まで乗せてきたのだ。

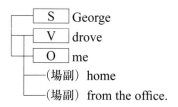

3）前置詞と副詞の後置

英語では疑問・感嘆詞などの前置詞を分離して、後置する（74-75）。また、(76) の up のような副詞も、目的語が it といった代名詞のときは同様に後置する。

例えば、同じ on でも get <u>on</u> the train（その列車に乗る）のように名詞を伴うと前置詞であるが、get <u>on</u>（in life）（（人生で）うまくやる）のように名詞が続かなければ副詞である。だが、品詞は違っても、後置されやすい点は共通している。

このように付属する語を後回しにすることで、構成要素の核になる名詞や動詞が際立つ。文法関係を示すのに語順を重視する英語では、付属語より語に重きが置かれていると言える。

Ⅳ．英語における文の構成要素

(74) What do you feed on?　GE　君は何を食べて暮らしてるんだい。

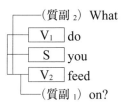

(75) Where do you know Joan from?　BW　あなた、ジョーンにどこで会ったの。

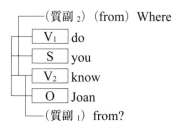

(76) Maybe I can fix it up on buffalo.　HL　たぶんこの失敗はバッファロー狩りで取り戻せるさ。

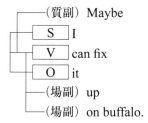

V. 英語における文の構成要素の省略

　空間のない時間も、時間のない空間も存在しえない。空間と時間は不可分のものである。時間が一次元の存在ならば、そこには必ず始めと終わりがある。また、量のない質も、質のない量も存在しえない。質と量も不可分のものである。さらに、他者があって初めて自己が認識されるように、第三者のいない当事者も、当事者のいない第三者も存在しえない。つまり、4次元の認識はすべての構成要素が相関する総体として存在する。いずれの要素を欠いても認識は成立しえない。ゆえに、すべての文は深層構造において、認識の要素を備えているはずである。
　しかし、表層に現れる各言語の文には、常にすべてが表現されてはいない。主語のない文、直接目的語や間接目的語のない文もあれば、動詞のない文もある。
　要素の不在には、二通りの理由があげられる。
　一つは、その個別言語のルールによる場合である。例えばスペイン語の me siento（私は自分を座らせる＝座る）という自動詞では、主語と同じ直接目的語が不可欠である。しかし、英語の I sit (myself) down の直接目的語は強調表現に限られる。また、The shirt is big (for me).（そのシャツは、（私には）大きい）のように、不要な間接目的語は通常省略されるが、これも逐一復元するのは不自然である。
　日本語の「林君（について）は（居場所が S）研究室です」のように主語より主題を残す言語もあれば、タミル語の「（ナーン）（私が S）イェナック（私に I）ティー（お茶を O）ヴェーノ（欲する）」のように主語より間接目的語を残す言語もある。
　もう一つは、話者の判断による場合である。文に不可欠な要素でも、話者が不要だと判断すれば省略される。例えば He finished (the race) in first place.（彼は（そのレースを）一位で終えた）のような、話者の判断によって省略された the race は、容易に復元することができる。

V．英語における文の構成要素の省略

1．主語の省略

英語の主語は動詞の形を左右し、位置によって平叙文か疑問文かを区別する重要な役割を担っている。それでも、不要なときは省略される。それはどのような場合か、以下に見ていく。

1）前文と同じ主語の省略

同主語の文が連続するとき、後続文の主語が省略されることがある。
(77) では、前文と同じ後続文の主語が省略されていない。この二つの文は時制も異なり、後続文が前文を補足説明している。これに対して、主語が省略されている場合は、二つの動作が間髪おかずに続けられている（78）。

(77) He had the gun on me and he shoots where he looks.　RW　彼は私に拳銃を向けており、しかも奴は絶対に狙いを外さない。

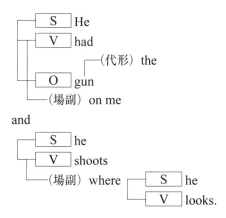

(78) (The chief turned his head and) snarled at his stooges.　BC　（署長は振り返って）部下たちにどなった。

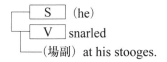

2）命令文の主語省略

英語の命令文も（79-80）のように、主語を表現することがある。しかし、命令文の主語は聞き手に限定されるので、英語では主語がないことが命令文のしるしになる（81）。(79)のように主語があると平叙文と同じ形になるからだ。

主語が省略できるのは、you が単複同形だからである。英語の 2 人称 you は、婉曲用法の複数が単数も指すようになったものである。したがって、単複異形のフランス語の tu と vous やスペイン語の tú と vosotros/as（男性 / 女性）と違って、聞き手に対する命令文の主語は you に限定される。

(79) You hold me, now.　PB　さあ、あたしを押さえてるのよ。

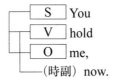

(80) Don't you kill him for me.　FS　たのむから、殺さないでよ。

(81) Tell me where the money is.　LR　あの金はどこなんだ。

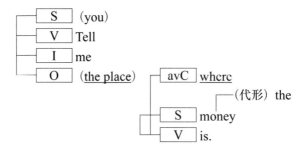

Ⅴ．英語における文の構成要素の省略

3）文脈でわかる主語の省略

特に会話や日記などで you や I をはじめ、言わなくてもわかる主語は省略される。

(82) (he) Moved to Brooklyn in thirty-five.　FD　（彼は）（19）35 年にブルックリンに移った。

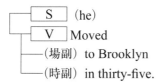

(83) (the vegetables) Make you live to be a hundred.　SL　（野菜を食べると）百歳まで生きられるぞ。

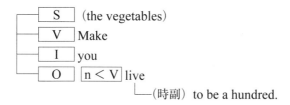

2．直接目的語の省略

1）自動詞文の直接目的語の省略

主語に始まる変化が他者に終わる文は他動詞文である(84-85)。一方、主語に始まる変化が主語に終わる文は自動詞文である(86-87)。(87) の found myself（自分を見出す）は was という一つの自動詞に置き換えることができる。(86)や(87)のように、直接目的語が再帰代名詞で表される自動詞もある。また、I sat myself down（私は腰を下ろした）と「変化の終わり」を強調する場合もある。しかし、通常は重複を避けて、自動詞の直接目的語は表現されない(88)。だからといって、直接目的語が不在なのではない。主語と同じだから表現しないというのが、英語のルールである。

(84) The ticking of the machinery amused me.　PD　カチカチという機械の音が私には楽しかった。

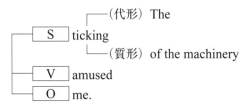

(85) He found Nick sitting with his back against a tree, reading.　DC ニックは木にもたれて座って、本を読んでいた。

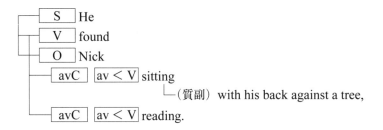

(86) Does he behave himself on the beach?　PB　ちゃんとおとなしくしてるかしら、浜辺なんかで。

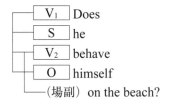

V．英語における文の構成要素の省略

(87)　I <u>found myself</u> in a big hall girdled at half its height by a gallery.　AB
　　　= was
　　　中は大きなホールで、半分ほどの高さにバルコニーが設(しつら)えてあった。

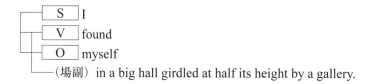

(88)　They sat under a tree. HL 二人は木の下にすわった。

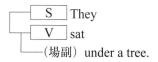

2）動詞でわかる直接目的語の省略

　動詞だけでわかるので敢えて言う必要がない場合、直接目的語は省略される(89-90)。このほかにも pay (money)、sing (a song)、write (a letter) なども特に修飾語をつけるのでなければ、直接目的語は省略される。

(89)　She reads a lot.　WG　とてもよく本を読む娘さんよ。

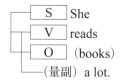

53

(90) He never dreamed about the front now any more. WN 前線の夢を見ることはもうなかった。

3) 不特定な直接目的語「誰でも」の省略

直接目的語が誰でもよい場合も、直接目的語は省略される。

(91)のようなhelpに直接目的語が現れることはない。そこで、形式的にこれを自動詞だと考える人もいる。しかし、Every little thingsは自らを助けるのではなく、助ける相手は他者である。同様に、This knife cuts（everything）well.（このナイフはよく切れる）でも、ナイフが自らを切ることはありえない。そこには主語のナイフと異なる直接目的語が存在している。したがって、このような動詞は直接目的語が現れない他動詞だと言える。

(91) Every little thing helps. HM 塵も積もれば山となる。

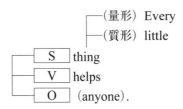

4) 文脈でわかる直接目的語の省略

形式文法では、他動詞は直接目的語を伴い、自動詞は直接目的語を伴わないとする。これに従うなら、(92-93)は自動詞文だということになる。

けれども、これらは不要な直接目的語を省略したものであり、主語と異なる直接目的語をもつ他動詞文である。

Ⅴ．英語における文の構成要素の省略

（92） I know.　FW　わかっているよ。

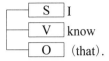

（93） I do not understand.　GN　わからないな。

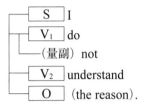

3．間接目的語の省略

1）関心のない間接目的語の省略

　間接目的語の出現率は8％で、構成要素のなかでは最も現れにくい（図表16, p.72）。
　事物が変化すれば、第三者に利害が及ぶ。しかし、その利害が特筆すべきものでない限り、わざわざ言葉にするまでもない。誰が利害を受けるかに関心がない場合、利害が極めて少ない場合、間接目的語は表現されない。
　（94）で復元されたyouは単数の話し相手「あなた」あるいは、複数の「あなた方」、「皆さん」を指すとも考えられる。
　（95）では、自分のしたことが第三者にどんな利害をもたらすかは、問題にしていない。それは、取るに足らないこととされる。このような場合にも、間接目的語は表現されない。
　SVOI完全文型で表すような、事物や発言が移動して明らかに第三者に利害を生じる場合でなければ、間接目的語は通常、言葉にされない。第三者に及ぼす影響は、行為が行われた時点では不明である。特に言う必要がなければその情報は余計である。
　間接目的語が表わされないのは、第三者が不在だからだろうか。相関する4次元認識の構造に立ち返るなら、間接目的語は不可欠である。「どうでもよいこと」は言わない。それを不問に付すのが、話者の判断であり、認識にほかならな

55

い。
　したがって、たとえ表現されていなくても、間接目的語はどんな文にでも想定できるものだと言える。

(94) (Why should I go back?) I cannot explain.　HB　(なぜ帰らなきゃならないのですか。)なぜでもですわ。

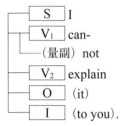

(95) I've tried every mortal blessed thing.　SA　あたしにできることなら、どんなことでもやってみたのよ。

2) 不特定な間接目的語の省略
　第二に挙げられるのは、受益者が不特定な場合である。「誰でも」という間接目的語も、言わないのが普通である。
　例えば (96) では、空腹になれば誰でも体力が弱るのは自明のことなので、間接目的語を表現していない。
　また、(97) のように「誰にでも」という間接目的語も、言わないのが普通である。

Ⅴ．英語における文の構成要素の省略

(96)　Hunger brings weakness.　MD　空腹は衰弱をもたらすものだ。

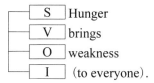

(97)　The rat will cost twenty-five cents.　SN　ネズミは 25 セントです。

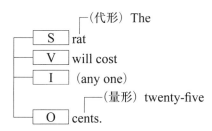

3）文脈でわかる間接目的語の省略

　人にプレゼントしたり、おごったり、話したり、主語と間接目的語が別人の時は間接目的語を表現する。しかし、主語と間接目的語が同一人物の時、特に強調するのでなければ、間接目的語は表現されない。

(98)　I told it three times.　RW　私はそのことを 3 度も話した。

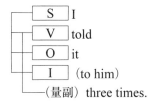

(99) Let go!　SL　放して。

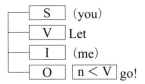

(100) Jenny paid their bills.　WG　ジェニーが二人に食事をおごってくれていた。

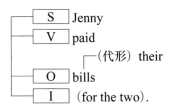

4.　動語の省略

1）前文と同じ動語の省略

　前の文と動詞が同じだからといって、最も高い出現率94％をもつ動詞が省略される例は見当らなかった（図表16、p.72）。
　例えば（His face was intent and）his nostrils quivered a little. FT（（顔はひきしまり、）鼻孔はかすかにふるえていた。）の動詞を同じにして後者を省略すると、(101)のような前文と同じ動詞が省略された文になる。けれども、このような例は本書のデータには見られなかった。

Ⅴ．英語における文の構成要素の省略

(101) (His face was intent and) his nostrils quivering a little. （顔はひきしまり、）鼻孔はかすかにふるえていた。

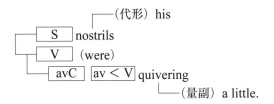

2) 動詞 be の省略

　前文と同じでなくても、動詞 be は動詞のなかで最も省略例が多くみられた。動詞 be には「ある」という意味しかないが、言葉にしている時点でその事物の存在は示されている。そこで、be は省略が可能になる。

　ロシア語、アラビア語、マレー語、インドネシア語など、現在時制の存在動詞を表現しないルールの言語も多い。日本語でも「海が 青い です（＜で あります）（SCV）」や「海が 青 かった（＜青く＋あった）（SCV）」に含まれている「ある」という動詞が、「海が 青い（SC）」という「だ」体の形容詞補語現在時制では表現されない。

(102) You fighting here?　UD　ここで闘牛をやるんですか。

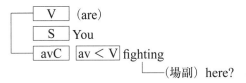

59

(103) Not much（is）sadder than a couple of has-beens jabbering about the good old days.　SL　過去の栄光をべらべらしゃべるやつらほど惨めなものはない。

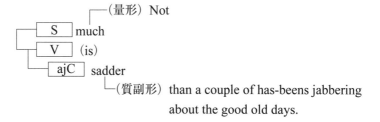

3）文脈でわかる動詞の省略

　会話でよく使う言い回しなどでも、動詞が省略される。この場合の動詞は頻度が高く、文脈で容易に想像のつく単純なものが多い。

(104)　Good work.　FD　よくやったな。

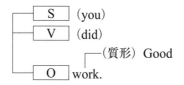

(105)　How about dropping by to pick me up?　FW　ぼくのところに寄ってくれないか。

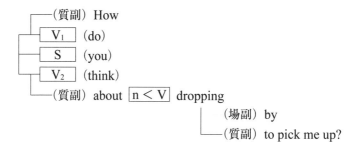

VI. 英語の語順

1. SVOI 構成要素の語順

　英語の平叙文の語順は、(7a) で見たような SVIO が基本である。しかし、前置詞を用いれば SVOI も可能である。
　異なる形式が選択できるなら、その意味はまったく同じではない。つまり、動詞直後のアクセントのない既知の単音節代名詞よりは、文末の多音節語の方が情報価値を持つ。したがって、(106) では直接目的語の money が新情報だが、(107) では間接目的語の to Zurito が新情報である。
　一方、イギリス英語では二つの代名詞が並ぶ SVOI も可能である (108)。アメリカ英語でも (S) VOI で Give me it!（よこせってば）の例がある。英語の代名詞では O と I の形態が同じである。利害を生じる間接目的語は常に人や擬人化されたものなので、直接目的語が事物の場合は両者を区別できる。けれども、「誰かを誰かに紹介する」など、両方とも人の場合は間接目的語に前置詞が必要になる。
　ただし、直接目的語が直接話法文の場合は、文頭に置かれたりする (109)。また、基本的な語順をあえて崩すと文がより印象付けられる (110)。

(106)　She sends him money.　BA　あの女が金を送ってくる。

S	She
V	sends
I	him
O	money.

(107) Retana gave them to Zurito.　UD　レタナはそれ（鋏）をスリトにわたした。

```
┌─ S ─ Retana
├─ V ─ gave
├─ O ─ them
└─ I ─ to Zurito.
```

(108) If you'd wanted fifty pounds, I'd have lent it you myself.　HM　50ポンドでよければ、おれが個人的に貸してやるんだが。

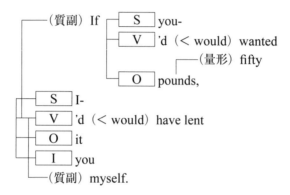

(109) "Stop that," Eloise said to Ramona.　UW　「およしなさい」エロイーズがラモーナに言った。

```
┌─ O ─ "Stop that,"
├─ S ─ Eloise
├─ V ─ said
└─ I ─ to Ramona.
```

(110) At the last instant came this terrible catastrophe.　HB　それがたった一日の差で、取りかえしのつかないことになってしまいました。

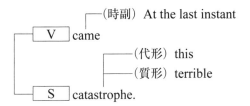

疑問文では、基本的に主語と動詞の位置が入れ替わり、VS の語順になる。この VS の語順を維持するために主語の前に置く助動詞を設けることは、すでにみたとおりである（62-63）。

2. 副詞の語順

英語の副詞の語順は、SVOI の構成要素の語順より自由である。

それでも、場所については、小から大に至る原則が見られる（111）。これは、英語圏の宛名表記が、名、姓、番地、通り、都市、州、国の順になるのに準じている。時間についても、月、日の順以外はこの原則がみられる。イギリスの作家アガサ・クリスティーの例（112）では、時刻、午前 / 午後、月、日、年の順になっている。

(111) (Where did we stay in Paris?... At the Crillon....) There and at the Pavilion Henri-Quatre in St. Germain.　SK
(パリではどこに泊まったんだっけな。…クリヨンよ。…) そこと、それからサン・ジェルマンのパヴィヨン・アンリ・カトルね。

(112) It was 2 p.m. on the afternoon of May 7, 1915.　SA　1915 年、5 月 7 日、午後 2 時のことだった。

しかし、(113) のように大、小の順になっている時間表現の例もある。

(113) If you will call upon me tomorrow morning at eleven o'clock.　SA
明日の午前 11 時に会社までおいでいただければ、

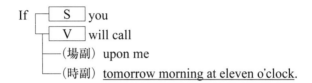

場と時の関係では、時副詞、場副詞の順になるのが基本とされる。
なお、(114) の時副詞 only が、only just now の量副副詞が時副詞化したものであることは、(39) の例文で見たとおりである。

(114) I only bought the pair last night in the Strand.　HB　私はその靴をゆうべ、ストランド通りで買ったばかりでした。

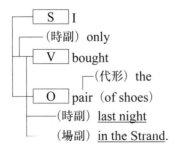

しかし、場副詞が補語の場合は、時副詞が後に続く。

Ⅵ. 英語の語順

(115)　I want you to be at Sullivan's place, in Little Rock, next Wednesday night, at nine o'clock.　RR
来週水曜日の夜の9時にリトル・ロックのサリヴァンの店に来てもらえないだろうか。

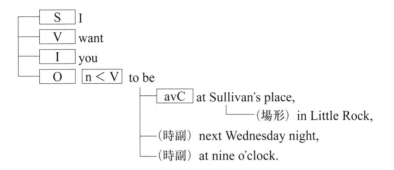

また、長い副詞句や when や where などで導かれる副詞節の場合は、どちらも、文頭に置かれることもあれば、文末に来ることもある。

(116)　Near where Mallory sat were only four people.　BM　マロリーの近くには、客は四人しかいなかった。

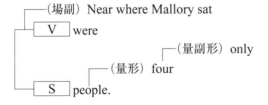

65

(117) I was standing by the window <u>when Steve got out of his car down the road</u>,.　KY　スティーブが道路で車を降りたとき、おれは窓際にたっていたんだ。

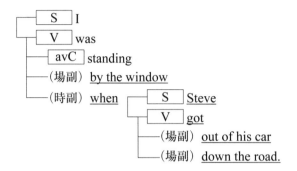

量副詞は、時副詞、場副詞、質副詞に先んじており、動詞の後に来る。

(118)　They don't divorce <u>much</u> here.　HS　このあたりでは、あまり離婚する者はいない。

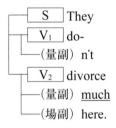

質副詞は、概して時副詞、場副詞より後に置かれるようである。

Ⅵ. 英語の語順

(119) Wilson looked at him now <u>coldly</u>.　HL　冷ややかな目つきで、ウィルスンは彼を見やった。

しかし、必ずしも文末ではなく、文頭（120）や場副詞（121）の前に置かれることもある。

(120)　<u>Reluctantly</u> he went to the rat cage.　SN　彼は、しぶしぶネズミのカゴの方に行った。

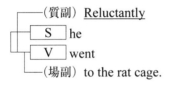

(121)　She looked <u>curiously</u> at her husband.　HL　彼女は珍しいものを見るような目つきで夫の顔を見ていた。

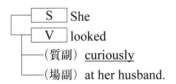

また、質副詞でも理由や条件などを表す句や節の場合は、文頭や文末に置かれる。

(122) If he had expected opposition he was disappointed. JB　もし彼が反対を予期していたとすれば、失望したことだろう。

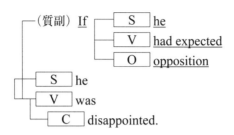

このような副詞の種類、長さのほかに、直接・間接目的語の有無など他の要素の長さによっても語順は変わってくる。また、不定詞、現在現在分詞、過去分詞における副詞の位置もそれぞれの条件によって異なる。

そこで、語順の優先順位を知る手がかりとして、どれも単音節である疑問詞の語順をみてみたい。同僚のWiddows教授（イングランド、ヨークシャー出身）によると、疑問詞の組み合わせは以下のような語順になる。

図表10　英語疑問詞の語順　　（and は & で略記した）

	時副	場副	質副	時副	場副	量副	
1	When	&where					did you meet him?
2			How	&why			did he kill him?
3			How		&when		did you meet him?
4			How			&where	did you meet him?
5			How,		when	&where	did you meet him?
6	When			&why			did he kill him?
7		Where		&why			did he kill him?
8	When,	where		&why			did he kill him?
9	When,	where,	how	&why			did he kill him?
10	When,	where,	how	why		&how much	did you work?

そして、すべての疑問副詞を並べた10は、不可能ではないが無理に詰め込んだ感があり、極めて不自然だという。あえて副詞の語順に順位をつけるとすれば、時、場、質、量の順が考えられる。

2音節の量疑問副詞 how much を文頭に置いた場合（図表11）は、疑問詞が二つでも、1のように and how? と文が付加される。2と3は時制が異なるので、

Ⅵ. 英語の語順

過去時制の文も現れている。1 の how は「どのようにして」であり、4 の how come は「なぜ」なので、両者を区別する動詞 come が使われている。

疑問詞が三つの場合、10 では一つの文になるが、5、6、8 では文が二つになる。しかし、how come（なぜ）は come を明確にするために文は三つになっている（7, 9）。さらに、how come を含む疑問詞が四つの 11 も、文が三つになっている。なお、11 では必ずしも when and where でなくても、where and when も全く同等だそうである。

このように複数の文が出現するのは、know（知っている）、find out（知った）、come（知れた）と時制や相によって動詞を使い分けているためもあると思われる。

図表 11　英語疑問詞 How much & の語順

	量副					
1	**How much**	do you know,	& how?			
2	**How much**	do you know	& when	did you know?		
3	**How much**	do you know	& where	did you find out?		
4	**How much**	do you know	& how	come?		
5	**How much**	do you know	when & where	did you find out?		
6	**How much**	do you know,	when & how	did you find out?		
7	**How much**	do you know,	when	did you find out	& how	come you know?
8	**How much**	do you know,	where & how	did you find out?		
9	**How much**	do you know,	where	did you find out	& how	come you know?
10	**How much,**	where & why	do you know?			
11	**How much**	do you know,	how	come you know	& where & when /& when & where	did you find out?

日本語の疑問詞は「いつ、どこで、誰が、誰に、何を、どれだけ、どのように、する」（時副 場副 SIO 量副 質副 V）と、基本的な語順を一つの文に並べることができる。このように語順が定められるのは、動詞が常に文末にあって、疑問詞の文頭への移動がないからだといえる。

しかし、英語では動詞が先行して、副詞は文末に並ぶ。その副詞が、疑問代副詞になると一挙に前に出る。すると、もともと文頭に近い位置にある動詞との先陣争いが起きる。そこで、位置を譲るまいとするかのように動詞が何度も出現し、副詞より後回しになることを拒んでいるかのようである。

69

VII. 英語の文型

　文の構成要素 SVOI の四つを組み合わせると、15 の文型が考えられる。これに動詞の補語 c が付いた場合と、修飾語だけのゼロ要素文を加えると、可能な文型は以下の 33 文型になる。

図表 12　可能な文型（語順不同）

要素数		文型		＋c（補語）
4 要素文	1	SVOI	16	SV-cOI
3 要素文	2	SVO	17	SV-cO
	3	SVI	18	SV-cI
	4	SOI	19	SOI-c
	5	VOI	20	V-cOI
2 要素文	6	SV	21	SV-c
	7	SO	22	SO-c
	8	SI	23	SI-c
	9	VO	24	V-cO
	10	VI	25	V-cI
	11	OI	26	OI-c
1 要素文	12	S	27	S-c
	13	V	28	V-c
	14	O	29	O-c
	15	I	30	I-c
0 要素文	31	av	33	c
	32	aj		

　これらの文型の頻度を以下の 15 作品から 3,022 例のデータを取って調べたのが、図表 13 である。国別ではアメリカ文学が最も多いが（①-⑧）、次いでイギリス（⑨-⑫）、アイルランド（⑬）、オーストラリア（⑭）、カナダ（⑮）と

Ⅶ. 英語の文型

なっている。

　作品によって文型頻度の順位は多少異なるが、全般的な傾向はどの作品にも共通している。つまり、全体の78％を上位3位までが占め、22-33位の文型はこのデータに見られなかった。

図表13　英語文型頻度

	文型	①	②	③	④	⑤	⑥	⑦	⑧	⑨	⑩	⑪	⑫	⑬	⑭	⑮	計
1	SV	39	85	41	34	44	120	38	60	45	34	22	61	110	38	82	853
2	SVO	39	71	26	27	51	79	56	61	51	33	22	83	91	22	66	778
3	SV-c	24	53	22	21	29	66	75	65	60	34	29	67	107	20	64	736
4	VO	10	27	11	0	4	29	4	13	8	3	5	17	20	9	3	163
5	V	6	25	12	7	10	18	7	11	3	4	2	20	14	7	9	155
6	SV-cO	2	0	3	1	0	9	0	1	3	3	2	9	15	2	2	52
7	SVOI	0	6	1	2	1	6	5	3	1	2	2	9	4	1	6	49
8	av	0	0	2	6	0	8	7	1	8	0	0	5	9	2	0	48
9	S-c	2	0	1	0	2	2	6	4	7	0	1	4	7	5	0	41
10	c	1	2	4	0	3	5	8	1	5	2	0	2	2	2	2	39
11	S	1	15	0	3	2	1	1	2	0	0	1	0	2	6	0	34
12	VOI	0	3	0	0	0	7	2	0	0	0	0	2	2	1	1	18
13	SVI	0	2	0	2	0	2	0	0	0	0	0	7	3	0	0	16
14	O	1	0	0	1	0	3	0	2	2	2	0	1	2	0	1	15
15	V-c	0	0	0	0	3	3	2	0	0	1	2	0	0	0	1	12
16	V-cO	0	0	0	0	0	0	0	0	0	0	1	0	0	0	3	4
17	VI	0	0	0	0	0	0	1	0	0	0	1	0	0	1	0	3
18	SO-c	0	0	0	0	0	0	0	0	0	0	1	1	0	0	0	2
19	aj	0	0	0	0	0	0	0	1	0	1	0	0	0	0	0	2
20	O-c	0	0	0	0	0	0	1	0	0	0	0	0	0	0	0	1
21	I	0	0	0	0	0	0	0	0	0	0	0	0	0	0	0	1
22	SI	0	1	0	0	0	0	0	0	0	0	0	0	0	0	0	0
23	SV-cOI	0	0	0	0	0	0	0	0	0	0	0	0	0	0	0	0
24	SV-cI	0	0	0	0	0	0	0	0	0	0	0	0	0	0	0	0
25	SOI	0	0	0	0	0	0	0	0	0	0	0	0	0	0	0	0
26	SO-cI	0	0	0	0	0	0	0	0	0	0	0	0	0	0	0	0
27	V-cOI	0	0	0	0	0	0	0	0	0	0	0	0	0	0	0	0
28	SO	0	0	0	0	0	0	0	0	0	0	0	0	0	0	0	0
29	SI-c	0	0	0	0	0	0	0	0	0	0	0	0	0	0	0	0
30	V-cI	0	0	0	0	0	0	0	0	0	0	0	0	0	0	0	0
31	OI	0	0	0	0	0	0	0	0	0	0	0	0	0	0	0	0
32	O-cI	0	0	0	0	0	0	0	0	0	0	0	0	0	0	0	0
33	I-c	0	0	0	0	0	0	0	0	0	0	0	0	0	0	0	0
計		125	290	123	104	146	358	214	227	193	118	89	290	389	116	240	3022

① J. Steinbeck. *Breakfast*. ② ── *Flight*. ③ ── *Snake*. ④ E. Hemingway. *Old Man at the Bridge*. ⑤ ── *Cat in the Rain*. ⑥ R. Chandler. *Farewell My Lovely*. (Chap.2) ⑦ E.A. Poe. *Three Sundays*. ⑧ O. Henry. *Green door*. ⑨ A. Christie. *Then There Were None*. ⑩ G. Greene. *The Case for the Defence*. ⑪ Saki. *Eeaster Egg*. ⑫ A. Sillitoe. *The Bike*. ⑬ F. O'Connor. *The Drunkard*. ⑭ K. S. Prichard. *The Cooboo*. ⑮ L. M. Montgomery. *Anne of Green Gables*. (Chap.3)

　図表13で上位の文型を見ると、7位まではすべて動語があり、動語の重要性がうかがえる。そして、3位までは主語と動語がそろっている。しかし、これに直接目的語と補語、直接目的語と間接目的語が加わると（6位と7位）、頻度は一段と低下する。図表13を円グラフにしたのが図表14である。

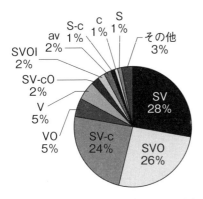 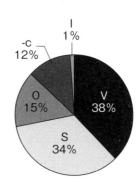

図表14　英語文型頻度（3,022例中）　　図表15　英語構成要素出現率（3,022例中）

図表16　文における要素の出現

	V	S	O	-c	I
あり（%）	94	85	36	29	8
なし（%）	6	15	64	71	92

　構成要素別の図表15-16を見ると、S、O、I三つの構成要素を関係づけるVが最も出現しやすい。次に、Vの活用を決めるSがこれに続き、Vに近い頻度を占める。そして、事物の授受などで利益を特筆することがない限り、間接目的語への関心は極めて低い。
　次にこれらの文型を概ね頻度順に見て行くが、統計に用いた3,022例以外の例も本書には示されている。

Ⅶ. 英語の文型

1. SV　*She nodded.*　彼女はうなずいた。

3,022 例のうちもっとも頻度が高かったのが、「誰 / 何がどうした」という SV 文型であった。

(123)　She nodded.　TB　彼女はうなずいた。

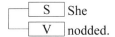

(124)　A trifle wildly, he looked at the Comanches near his seat.　LM　彼は近くの席のコマンチどもに少し怖い顔を向けた。

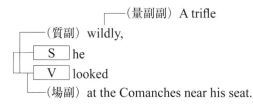

1）SV（IO）

SV 文型の中には IO を復元することができるものもある。これらは、SVOI 完全文型の IO が不要だと判断されて、省略されている。

(125)　Why do you ask?　MD　なぜそのようなことをお訊きになるのですか。

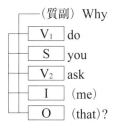

2) SV (O)

SVO の O が省略された SV もある。

(126) I understand.　SC　わかってるさ。

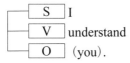

(127) I waved to him.　FA　私は彼に手を振った。

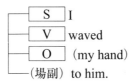

疑問に対する答えなどでも、代動詞 do を使った SV だけで O が省略されている (128-29)。

(128) (Do you like Sharon Lipschutz? Yes,) I do." PB （シャロン・リプシャツは好き？うん、）好きだとも。

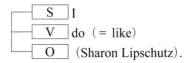

(129) (Warner Brothers could use that, ...) They did.　RW （ワーナー・ブラザーズが使いそうなセリフだな。）なに、使いふるしでさ。

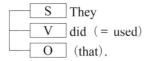

3) there be

　語数の多い語句を後回しにする「動詞第二位語順」の there be 構文では、主語も動詞の後ろについて、VS の語順になる（(35-38) 参照）。

　　(130)　There are children in this neighborhood.　WG　この辺には子供が多いんだよ。

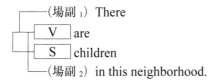

　(131) の six-by-eight は、鏡の大きさ、形状を指しており、鏡の数ではない。したがって、量形容詞ではなく、質形容詞である。

　　(131)　Above it hung a little six-by-eight mirror.　AG　その上のところには幅6インチ、長さ8インチの鏡がかかっていた。

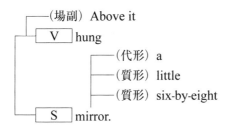

4) SV ＋修飾語

　SV 文型は様々な修飾語をともなう。

　修飾語は時、場、質、量の4要素に限定される。この中のどれであるかは、それぞれ「いつ」「どこで」「どのように」「どれだけ」など、どの疑問詞で尋ねられるかによっている。

　現在分詞は、「どのようにして」いるかを表す、動詞から派生した副詞である。したがって、「どのようにしつつ」「ある」かを表す進行形も SV-c 文型になる。

　過去分詞は、動詞が示す変化の結果として事物が「どのように」あるかを表す、動詞から派生した形容詞である。そこで、受動は質形容詞を補語とする SV-c 文

型の一つになる。

そして、事物が質と量の複合したものであるならば、質と量を複合的に表す場合は、⑩のように補語に名詞が使われる。

図表17 SV文型の修飾語

修飾語		時	場	質	量
副詞		① He came yesterday. S V 時副 彼は昨日来た。	② He went to Chicago. S V 場副 彼はシカゴに行った。	③ He moved slowly. S V 質副 彼はゆっくり動いた。	④ He stayed for two days. S V 量副 彼は二日間滞在した。
補語	副詞	⑤ The party is at night. S V-c（時副） パーティーは夜ある。	⑥ He is in Texas. S V-c（場副） 彼はテキサスにいる。	⑦ He is running. ［進行形］ S V-c（質副：現在分詞） 彼は走っている。	
	形容詞			⑧ He is tall. S V-c（質形） 彼は背が高い。 ⑨ He is forgiven. ［受動］ S V-c（質形：過去分詞） 彼は許された。	
	名詞			⑩ He is a student. S V-c（名詞） 彼は学生だ。	⑪ He weighs 100 kilograms. S V-c（量名） 彼は体重が100キロある。

ただし、疑問文の答えなどでは、重複を避けて補語が省略される。

(132)（You're Molly Morden. Yes, sir,）I am. MD（あんたはモリー・モーデンだったね。はい、）さようでございます。

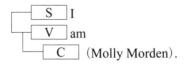

2. SVO *The plane gave a little dip in altitude.*
　　　　　飛行機は少し高度を下げた。

1）SVO（I）

　SVO のなかには、明らかに完全文型 SVOI の間接目的語が省略されたものがある。間接目的語が省略される理由については、V.3（pp. 55-58）で見たとおりである。綿貫・ピーターセン（2006, p.10）によると、give などの SVOI 文型をとる動詞では、原則として I が省略されて SVO になることはないという（例：*I gave a book）。本書のデータでもそのような例は見当たらなかった。

　(133) では間接目的語が主語と同じ（再帰）なので、言わなくてもわかる。(134) も anyone（誰にでも）といった不特定な人物なので、あえて言う必要がない。また、(135) の to me（私に）も状況でわかる。

　　(133)　The plane gave a little dip in altitude.　WG　飛行機は少し高度を下げた。

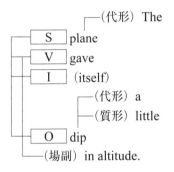

(134) A good beginning makes a good ending.（ことわざ）始めよければ終わりよし。

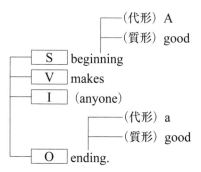

(135) Remembering brings the curious warm pleasure. BF 不思議なほど心のあたたまる楽しさがわきあがってくる。

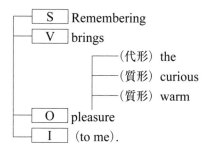

Ⅶ．英語の文型

2) O＝S の SVO

英語の自動詞は、主語と同一であるがゆえに、直接目的語を表さないことが多い。けれども、言語によっては、主語と同一の直接目的語を常に表す動詞もある (2b-c)。

形式文法によると SV 構文 (136) は自動詞文だが、SVO (137) は他動詞文である。けれども、その内容に基づくなら、SVO でも S＝O の (137) は決して他動詞ではなく、自動詞である。なぜならこのような文において主語に始まる変化は、他者ではなく、自己に終わるからである。

(136) I got up from the davenport.　FW　私は寝椅子から立ち上がった。

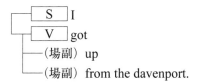

(137) He got up himself, very fast.　GF　彼はすばやく立ち上がった。

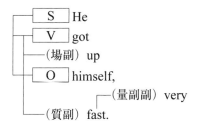

3) S が不定詞の SVO

(138) は不定詞を主語とし、it で動詞前の位置を確保している。これを直訳すると「～することが母を喜ばせたにちがいない」になる。

(138) It must have pleased my mother to watch the old dog slowing down while I was growing up.　WG　ぼくがだんだん大きくなるにつれてこの犬が徐々に老化していくのを見まもっていることは、母にとって胸のすく思いであったにちがいない。

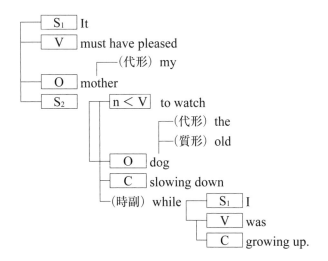

　(138) と同じように後続文を it のダミーで前置する方法は、フランス語の S'il vous plait.（if-it you pleases）（もしそのことがあなたを喜ばせるなら（＝もしよろしければ））にも見られる。

　英語でも古めかしい言い方には同様の例がある：May it pleases your Majesty ～（陛下の御意にかないますように（＝恐れながら陛下に申し上げます）～）。しかし、現代の英語ではこれに類する if it pleases you ～（もしそのことがあなたを喜ばせるなら（＝もしよろしければ）～）よりも、if you please（もしあなたが望むなら）の方がよく使われる。(139a) を it～to 構文で表すと (139b) のようになる。

　しかし、主語の位置を確保するために置かれた (139b) のダミーの it を取り去り、不定詞の主語と同じ you を主文の主語にすると、動詞 please は (139a) のように副詞に格下げされる。そこで、please は「どうか（～してください）」という副詞として、特に命令文で多用されることになった。つまり、(139a) の please は動詞から副詞への降格と言える。そして、動詞が文の中核であるなら、この現象は「文の副詞降格」と呼ぶことができる。

(139) a. Will you please drink the other bottle?　HS　残りのシャンペンは飲んでくれるかい。

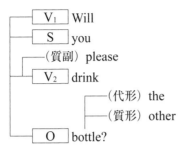

b.

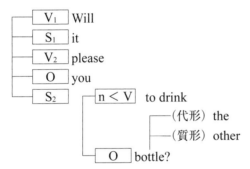

4）O が具体物の SVO

変化の終わりにある直接目的語が、さまざまな具体物のこともある。

① O が物・人の SVO

(140)　I caught the night plane north.　GF　私はその夜の飛行機で北へ向かった。

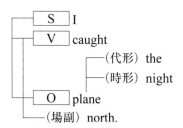

(141)　I haven't seen you since that time in hospital in 1916.　SA　ぼくは1916年の、あの病院のとき以来、きみと会っていない。

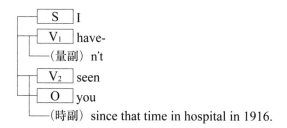

② O が場所の SVO

(142-43) は直接目的語が場所である。come in ～ や go from ～ のように場所を副詞で表すよりも、直接目的語で表す方がその場所に対して作用することが表される。

日本語でも場副詞の「大学から（出る）」は物理的な移動を示すが、直接目的語の「大学を（出る）」は「卒業」を意味する。つまり、直接目的語の方がその場所を対象として強く働きかけ、動詞と場所が密着している。また、「春の京都に行く」はまだ京都に来ていないが、「春の京都を行く」は京都に来ている。これも、直接目的語がその場所に作用していることを表している。

Ⅶ．英語の文型

（142） I next entered a Government office.　SA　それから私は官庁に入ったの。

（143） I just got here.　PB　あたし、着いたばっかしなのよ。

5）Oが抽象概念のSVO
　直接目的語はまた、具体的に目に見えるものではない、抽象概念のこともある。
　①Oが抽象名詞のSVO

（144） You've no need to be ashamed of it.　AG　何も恥ずかしがることはありません。

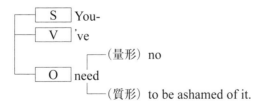

　OとVが密接なSVOもある。
　例えば（145）のtake a lookは、全くの同義ではないにしても、look（見る）という一つの自動詞に相当する。また、（146）のhave a talkは、talkという一つの動詞に対応できる。

83

ここでは、take や have といった語彙的な意味に乏しい動詞に、直接目的語で語彙的な意味を与えている。動詞と直接目的語に分けることで、(146)のように副詞では表せない形容詞を直接目的語につけることも可能になる。
　このような表現は日本語の「見物（を）する」「散歩（を）する」などの、直接目的語を含めて全体が自動詞になる言い方と似ている。
　変化の始めにある主語と変化の終わりにある直接目的語を結ぶ一本の線が動語であるならば、変化の終わりは動語全体を規定しうる。

(145)　We'll <u>take a look</u> at those hills across the river first.　BT　まず、あの川向うの丘を見よう。

(146)　We'll <u>have</u> a good long <u>talk</u> about old times.　AT　ゆっくり昔話でもしよう。

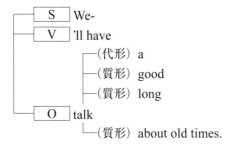

② O が不定詞の SVO
　直接目的語が不定詞の場合は、様々な動作の変化を表している。
　(147) の want to〜は「〜することを欲する」と直訳できる。口語に見られる、want to が一語に音省略された wanna は、人称変化のない助動詞に変化しつつある (148)。また、(149) の would like to〜は「〜することを好む」を過去の助動詞 would を用いる時間的婉曲で表現している。

(147) She wants to know where we keep the bombs. MA 彼女はぼくらが爆弾をどこにしまってるか知りたいんだってさ。

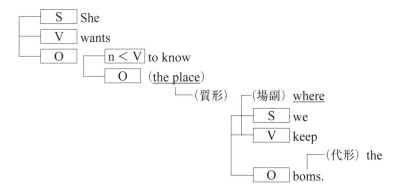

(148) They wanna think you spent your whole life vomiting every time a boy came near you. UW 亭主というのは、あんたのことを、男の子にそばに寄られただけでもむかむかして、ほんとに吐き出しちまう女なんだと、そんなふうに考えたがるものなんだ。

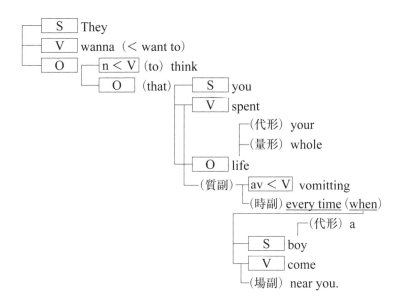

(149) I would like to ask you one question.　AS　ひとつ伺いたいことがあるのですが。

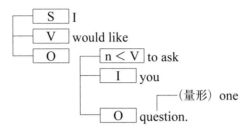

have to〜 は「〜することを（すでに）持っている」と直訳され、「〜することが決まっている」という意味から、「〜する必要がある」という訳になる。

(150) I had to leave them.　OB　俺はやつらを置きざりにしなきゃならなかった。

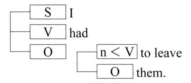

口語の got ta〜（< have got to〜）は「〜することを（すでに）得てしまっている」と、現在や未来のことも過去に決まっているものとして、have to を強めた意味を持つ。

(151) You gotta be here, New Year's Eve.　CA　ここにいてね、大晦日の夜は。

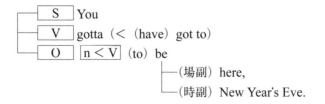

used to〜は「〜することを（よく）利用した」と直訳され、「よく〜したもの

Ⅶ. 英語の文型

だ」という意味になる。

(152)　We used to turn the searchlight on them to quiet them.　QS　よくサーチライトを彼らに浴びせて、黙らせたものだよ。

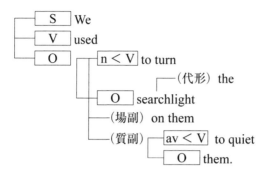

変化を始めたり、継続したりする場合も SVO の文型が使われる。

(153)　The boots of Albert continued to be active on the floor above.　SA　アルバートの靴音がなおも二階でドタバタしていた。

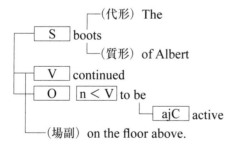

③ O が動名詞の SVO

これに対して、変化を止めるときは *stop to〜とは言わない。止めるときはすでに行われている変化が目的語になるので stop〜ing になる。また、始める場合でも began〜ing で表すと行為がすでに始まっている意味をもつ。

(154) The Commissioner stopped whittling the corner of his desk.　HM
　　　　署長は机の角を削るのをやめた。

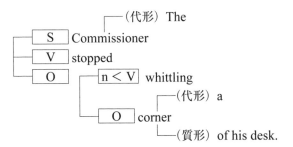

(155) The small boy began smacking the cushions of the seat, producing a
　　　　cloud of dust at each blow.　ST　男の子が、その度にもうもうたる
　　　　埃の雲をあげて、座席のクッションを叩きはじめているのだ。

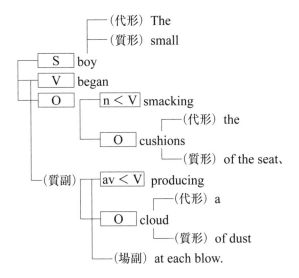

　want（to～）や would（like to～）の直接目的語である不定詞は、目的地の場副詞にも前置される to を用いる。だが、動名詞を直接目的語とする（156）の like～ing は、現に行っている行為のように表現している。

（156） I like living like a gentleman.　BA　私は紳士のように暮らすのが好きだ。

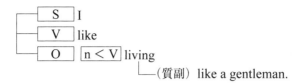

④ O が間接話法文の SVO

文は the fact that〜と言い換えられるとおり、the fact に匹敵する名詞である。これを直接目的語にする SVO もある。

（157）　He felt that he was dull.　VG　彼はだるいように感じた。

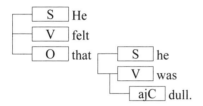

　本来代副詞である so は、代替範囲を副詞だけでなく文全体に拡張し、文に代わる代名詞になる（158）。このような「副詞の文昇格」は、量副詞 not が否定文全体を指す例にも見られる（159）。
　また、yes/no という肯定・否定の返答も、量副詞の yes と no が文に昇格したものだといえる。(160)や(161)に見られるように yes と no は something に代わる文全体を指している。
　このような副詞の文昇格という現象は、(139a)で動詞 please に見られた文の副詞降格と対をなしている。

（158）　I believe so.　ID　そうだろう。

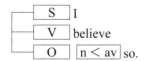

(159) (That won't help him any,) ... I suppose not.　FW　（それでも殺人に変わりはないぜ。）わかってるさ。

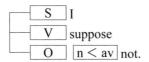

(160) He said no.　MQ　あいつは、だめだ、と言う。

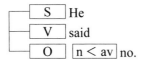

(161) He says something that might be yes or no.　BC　彼はイエスとかノウとか言ったようだ。

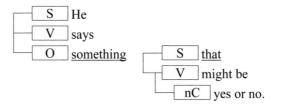

　SVO の O が間接話法文であるときは、平叙文なら that で導かれ、yes か no で答える疑問文なら if や whether で導かれる。また、疑問詞を用いた疑問文の場合は、主語と動詞の語順が平叙文と同じになる。

Ⅶ．英語の文型

(162) Everyone said that it was impossible to go up the Ramblas.　HC
ランブラス通りまで行くのは無理だと誰もが言っていた。

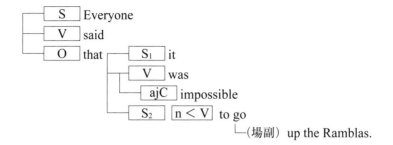

⑤ O が直接話法文の SVO

直接話法文は""で区切られ、そのまま直接目的語になる。語順は O が前に出ることもあれば、最後に来ることもある。

(163) "We had twelve days' work so far," the young man said.　BF 「おれたちは今まで12日間も働いたんだ」と若者は言った。

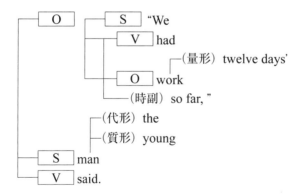

3. SV-c　*The pace was too much.*　スピードが速すぎた。

1) 形容詞補語の SV-c

形容詞補語のうち、量形容詞の例では (164) があげられる。

量形容詞は much、little、few など限られたものしかない。また、two (boys)（二人の（少年））のような数量形容詞は補語になると (The boys are) two.（（少

91

年は）二人（だ））のように数量名詞になる。したがって、量形容詞補語のSV-c の例はきわめて少ない。

(164) The pace was too much.　CS　スピードが速すぎた。

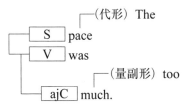

事物の質は複合しているので、質形容詞は種類が多く、一つの名詞に数多くつくことがある。したがって、質形容詞補語の例は数多い。

(165) Mr. Dooley was remarkably intelligent.　DR　ドゥーリーさんはとても学のある人だった。

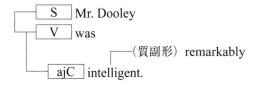

■ 受動

SV-c の補語である質形容詞が、過去分詞の場合もある。過去分詞は動詞から派生した形容詞で、動詞が示す変化の結果を表す。いうなれば補語が過去分詞のSV-c は「どのようになっている」かを表す。そして、その変化の動作主を表すときは by で導かれる。このような表現は動作主による変化を受けた結果を表し、「受動」と呼ばれる。

(166) The vent is guarded by a laser net.　MI　通気孔は網状に走るレーザー光線で守られている。

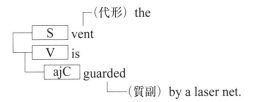

　ただし、tired（疲れた）や interested（興味を持たされた＝興味を持っている）のような変化は、主に事物によって引き起こされる。そこで、原因となった事物を動作主のように by であらわすのでなく、tired from/with、interested in のように表現する。(167)のように人によって引き起こされた変化でも、「彼」が積極的に何かをしたというのではないので by him ではなく、in him になる。このような過去分詞は「誰かに〜された」という受動よりも、その結果「どのようで（ある）」かという質形容詞とみなされる。

(167) They were not interested in him.　UD　彼らは、彼のことなどそっちのけだった。

2) 名詞補語の SV-c
　形容詞の束が名詞であるなら、形容詞補語の集積が名詞補語になる。形容詞で表されるいくつかの要件が、一つの名詞を定める。

(168) Most of us are ex-cops.　FW　われわれの前身は大てい警官ですよ。

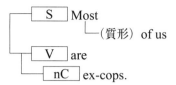

(169) He was kind of a smart aleck.　UW　その子はちょっと生意気みたい。

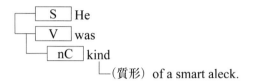

事物の重さは、単位名詞を補語として表される。動詞は weigh（重さがある）のときもある (170)。また、補語名詞で重さの単位が示されるので、単に be（ある）のときもある (171)。

(170) It weighed 5,550 pounds, or almost three tons.　WG　重量は 5,550 ポンド、約 3 トンあった。

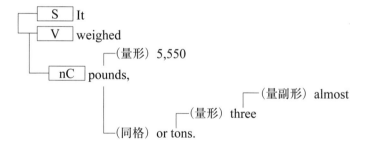

(171) Anna Halsey was about two hundred and forty pounds of middle-aged putty-faced woman in a black tailor-made suit.　TB　アンナ・ハルゼイは、男仕立ての黒いスーツを着た顔色の冴えない中年女性で、体重が約240ポンド（約110キロ）あった。

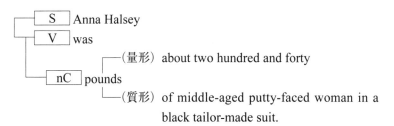

3）副詞補語の SV-c

① 時副詞補語の SV-c

（172）の補語 late afternoon は時を表しているが、主語は it をダミーとした the time である。したがって、この補語は名詞であり、時副詞ではない。

一方、(173) の at that moment は時副詞補語であり、「そのことは～の時間に存在した」と直訳できる。(174) では「私」のいた時間が時副詞補語で位置づけられている。

(172)　It was late afternoon when I got back to the hotel.　FM　ホテルへ戻ったのは、夜も遅かった。

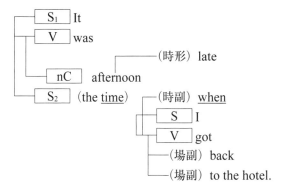

(173) It was at this moment that there occurred a most strange and unexpected thing.　HB　このとき二人はまたもや不思議な、思いもよらぬ事件に出くわしたのである。

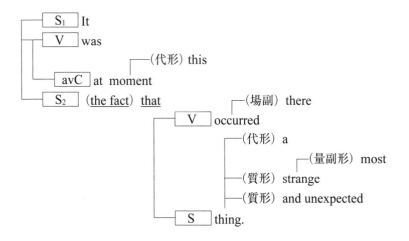

(174) I am a day in advance of your time.　TS　私はあなた方の時間より、まる一日前にいることになる。

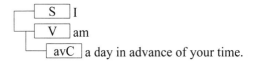

② 場副詞補語の SV-c

(175-77) は事物や人が主語で、どの場所に存在したかを表している。

(175) Beasley was up on one elbow.　FM　ビーズリーは肩肘をついて身を起こしていた。

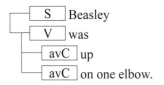

96

(176) The moon was near down to the water.　FT　月は海に落ちかけていた。

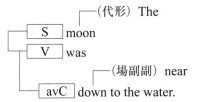

(177) She had never even been to Doane's Mill until after her father and mother died, though six or eight times a year she went to town on Saturday, in the wagon, in a mail-order dress and her bare feet flat in the wagon bed and her shoes wrapped in a piece of paper beside her on the seat.　LA　彼女は年に六、八回は土曜日に馬車で町に出かけており、そんなときはいつも通信販売の服を着て裸足の両足を床にぺたりとのせ、靴は紙に包んで座席のわきに置いたまま乗って行くのだったが、ドーンの製材場には父母が亡くなるまで行ったことさえなかった。

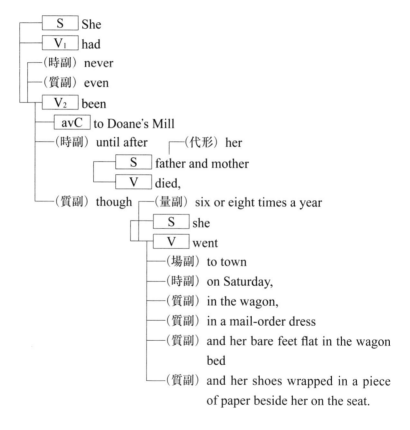

同じ場所でも、(178) では抽象的な場を表している。

(178) Socially he was miles ahead of us.　DR　社会的には僕たちより数段上の生活をしていた。

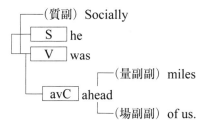

(179) の at that point は本来、場所を表している。しかし、場所の移動には時間の移動が伴うことから、場所が時間に類推されて時間の表現になっている。

(179) It was at this point that he suggested that Mr. Turner (should) have a drink.　AP　彼がターナーに酒を勧めたのは、そのときだった。

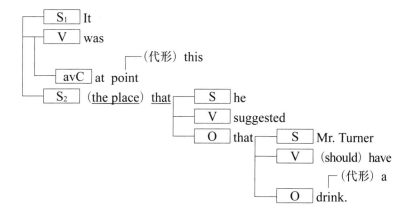

③ 質副詞補語の SV-c

質が補語になるときは質形容詞で表されることが多い。それでも、副詞句では次のような例が挙げられる。

(180) They look as if they drove down in a truck.　PB　トラックにでも乗って来たみたいな顔をしているの。

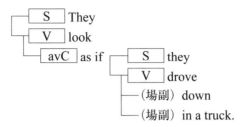

■ 進行形
　動詞の派生副詞である現在分詞〜ing を補語とする進行形も、質副詞補語のSV-c である。進行形は「〜しつつある」と直訳され、事物がどのような状態で「ある」かを、動詞からの派生副詞で動的に表している。
　keep〜ing (47) の 現在分詞〜ing も「〜し（続ける）」という質副詞である。したがって、keep〜ing は be〜ing という進行形の変異だといえる。
　ただし、進行形とよく似た形態をとる stop〜ing (154) や begin〜ing (155) の動名詞〜ing はそれぞれ「〜することを（はじめる / やめる）」という SVO の構造をもち、進行形ではない。
　(182) の across the desk は facing の場副詞と考えることもできる。しかし、sit across the desk とつなげることができるので、主文の構造を優先した。

(181) The water was slowly drying on their faces.　BF　二人の顔から水が徐々にかわいていった。

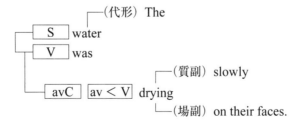

（182） They sit facing one another across the desk.　LA　二人は机を間にして向いあって座る。

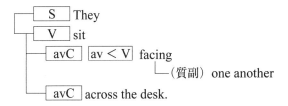

■ 近接未来（be going to）

近い未来を表す be goint to〜は、to なし不定詞で表される行為に「向かって行きつつある」ことを示している。(183) では、具体的な目的地である to that canyon（あの渓谷へ）と抽象的な目標である to（to）buy a jace necklace（翡翠のネックレスを買い戻しに）の二つが場副詞で表されている。

（183） He was going to that canyon to buy a jade necklace.　FW　彼は翡翠のネックレスを買い戻しに、プリシマ・キャニオンに行こうとしていた。

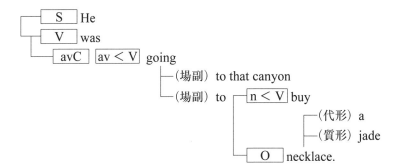

(184) I'm going to give you something to write about.　WG　あんたに小説のネタをつくってあげる。

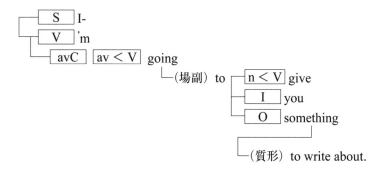

going to は口語で gonna に音変化することもある。

(185) You ain't gonna say a word.　MM　おまえはひと言もしゃべるなよ。

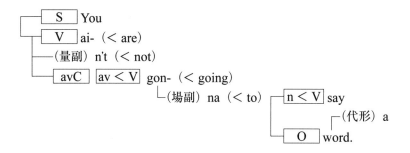

④ 量副詞補語の SV-c

(186) の量副詞 much は such に置き換えられる質に派生している。

　量は一つの事物に一つしかない。したがって、複合する質や、様々な角度から見ることができる場・時に比べて、頻度が低く、語彙も乏しい。このため、量形容詞補語と同様に、量副詞補語の例もまれであった。

Ⅶ．英語の文型

(186) The living room was much as I had remembered it.　FW　居間の様子は私の記憶にあるものと変わったところはなかった。

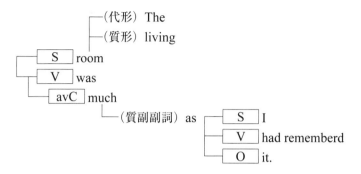

4. VO　*Read what?*　読むって、何の本を。

1) (S) VO (I)

完全文型のSVOIが省略されて、VOだけになった例もある。

　読むのが「本」であることが了解されている場合、このwhatは「何を」という疑問代名詞ではなく、what (book)「何の (本)」という疑問代形容詞だと考えられる。

(187) (Couldn't I read (a book) to you?) Read what?　SK　(本を読んであげましょうか。) 読むって、何の本を。

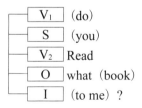

2) 命令のVO

主語のyouが省略される命令文にもVOがみられる。

(188)　Tell the truth.　WG　ほんとのこと、いって。

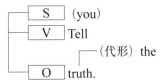

(189) は主語と直接目的語が同一人物の、自動詞の命令である。

(189)　Make yourself to home.　RW　気楽にしてくれ。

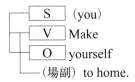

3) S が前文と同じ VO
前文と同じ主語が省略されて、VO になる例もある。

(190)　(I reached across the counter and) took hold of the arm.　FW　(私は手をのばして) 彼の右腕をつかんだ。

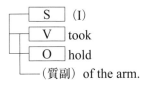

4) S が状況でわかる VO
① 1 人称主語 I が略された VO
言わなくてもわかる主語人称 I が省略された VO もある。

Ⅶ. 英語の文型

（191） Beg your pardon.　OP　失礼。

（192） Saw it on a cable. HM　電報でみたんですよ。

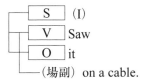

② 2人称主語 you が略された VO

疑問文で言わなくてもわかる主語 you が省略された VO もみられる。

（193） Got my key?　RR　おれの鍵はあるかい。

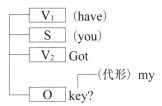

（194） Had your breakfast?　BF　朝めしは食ったかい。

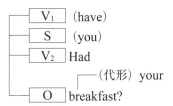

105

③ 3人称主語が省略された VO

(195)　Said he was from a newspaper.　CP　新聞社の者だと言っていた。

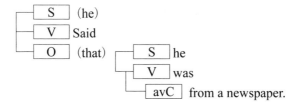

5.　V　*Keep out of my business.*
余計なちょっかいを出さないでくれよ。

1）命令の V

(196)にある命令の主語 you は、通常、(197)のように省略されて V 文型になる。

(196)　You stay.　SL　あんたたちはここにいなさい。

(197)　Keep out of my business.　MQ　余計なちょっかいを出さないでくれよ。

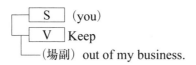

(198)の at him は日本語訳では「彼を（見る）」で直接目的語になるが、英語では場副詞である。直訳すると「彼において、注目しなさい」となる。
(199)の at me も場副詞であり、「私において、（怒鳴らないで）」といった直訳になる。
また、英語の meet him や see him の直接目的語の him は、「彼に（会う）」と

Ⅶ. 英語の文型

常に間接目的語で和訳される。間接目的語の方が直接目的語よりも婉曲であり、場副詞に近い。

　can を could で表すような時をずらす時間的婉曲に対して、場をずらす婉曲は空間的婉曲と呼べる。英語では her Majesty のような 2 人称を 3 人称に遠ざける例があり、日本語では「は」に代わる「におかせられては」や、「が」に代わる「から」（私からお伝えします）などの例が見られる。

　(198-99) のように英語で場副詞を用いるのは、日本語訳で直接目的語や間接目的語を用いるよりも、対象を婉曲に表現している。同じ現象をどの構成要素で表現するかは個人によって、さらに個人語の集積から編み出された各言語のルールによっても異なる。そして、look（注目する）や yell（怒鳴る）が、自己に始まり自己に終わる自動詞であることは、これらの動詞が他者に働きかけるのではなく、自己の内面的な変化の表現であることを示している。

　(198)　Look at him.　WL　ほら、見てごらん。

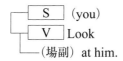

　(199)　Don't yell at me.　PB　そんなに怒鳴らないで。

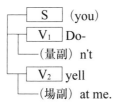

　go home のように行き先の名詞が場副詞になる例を考えると、(200) の phone も場副詞とみることができる。

(200) Go phone.（...Where's the phone?） UW 電話しなよ。（電話はどこ。）

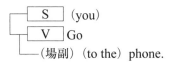

2）Sが前文と同じV
前文と同じ主語を省略して、Vだけになった文もある。

(201) (He is shy and) does not shine before strangers. TT （彼は内気で）知らない人たちの前では控えめだ。

3）Sが状況でわかるV
疑問文の助動詞doと主語を省略して、Vだけで状況に応じた主語をわからせる文もあげられる。

(202) Remember? FW 覚えてるだろ。

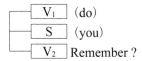

（203） Got away?　MD　逃げたって。

6. SV-cO　*I kicked my door open.*　私はドアを蹴り開けた。

　SV-c の補語が S の属性を表すのに対して、SV-cO の補語は O の属性を表しているように見える。果してそうであろうか。
　例えば He found himself famous（SVO-c）（彼は有名になっていた）において、S の He と O の himself は同一である。そこで、-c の famous は、S の属性であるか O の属性であるか、二通りの可能性がある。
　しかし、famous とは、変化の終わりに現れる結果である。S=O の場合でも、変化の終わり、結果を示すのはやはり O である。したがって、SV-c（O）も SV-cO と同じく、補語は O の属性を表していると考えるべきである。
　SV-c の補語が S の属性にしか見えないのは、S=O の自動詞では通常、O が省略されているからである。found himself が was に置き換えられたとしても、補語の famous が変化の終わりを示すことに変わりはない。

1）形容詞補語の SV-cO

（204）　I kicked my door open.　TB　私はドアを蹴り開けた。

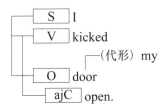

(205) Mama thought him fine and brave.　FT　ママはこの子を立派で勇敢だと思っていた。

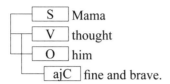

　(206) を直訳すると「おまえは向こう側に移ることを、よりよいこととして持っている」といったものになる。つまり、had better + to なし不定詞は、「～することを持っている」と直訳される have + to 不定詞（(150) I had to leave them.）に better（よりよく）という補語を付け加えたものだといえる。そして、動詞が had という過去になっているのは、すでに実現しているべき、あって当然のこととして表現されているからだと考えられる。

(206) You had better move over to the other side.　SK　おまえは向こう側に移ったらどうだ。

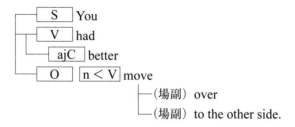

2）名詞補語の SV-cO

■ 呼称

「誰かを〜と呼ぶ」という呼称は、「〜と」を名詞補語で表す。

(207) Mancelona they call it.　BA　その町はマンセローナとかいったな。

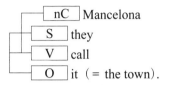

■ 使役

「誰かを〜にする」という補語の使役では、「〜に」を名詞補語で表す。(208-09)
また、「誰かに〜をさせる」という動詞の使役は、後に（227）で見るように、to なし不定詞を直接目的語にする。

(208) The Mauser made him a professional.　RW　モーゼル拳銃からすると、この男はプロのはずだ。

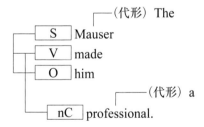

(209) As soon as I got to Borstal they made me a long-distance cross-country runner.　LR　少年院へ送られるとすぐ、おれは長距離クロスカントリー選手にさせられた。

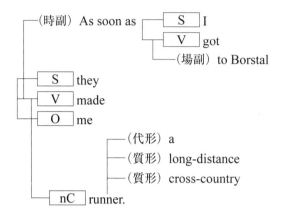

■ 知覚（不定詞）
「誰かが〜するのを知覚する」という知覚構文では、「〜がするのを」が不定詞の名詞補語になる。日本語で「誰かが」と主語として訳される「誰か」は、知覚動詞のOであり、不定詞の主語になる。
　letの直接目的語は不定詞だとわかるのでtoを消失していたが（44）、ここでも同じことが見られる。つまり、知覚動詞の名詞補語の不定詞が全てtoなしであるのも、文脈から不定詞だとわかるからだと考えられる。

(210) You seen me throw him out?　FW　おれが奴を放り出したのを見ただろう。

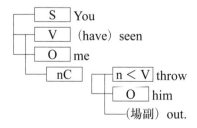

3）副詞補語の SV-cO

（211）の副詞 around は「うろちょろして」という意味なので、(He is up and) around.（(彼は病気が治って)動き回っている）の例と同じく状態を表している。したがって、場副詞ではなく、副詞補語だと考えられる。

(211)　I don't want you around.　BM　うろちょろされると目ざわりだ。

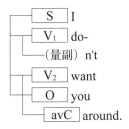

■ 知覚（現在分詞）

知覚が副詞補語の現在分詞で表されるときは、名詞補語の不定詞で表されるよりも行為が動的である。

(212)　Ed heard him running water in the kitchen.　HN　エドは彼が台所で水を流している音を聞いた。

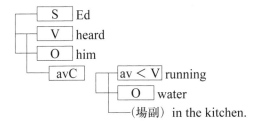

4）S＝O の SV-cO

直接目的語が主語と同じ場合は oneself という再帰代名詞が使われ、自動詞であることが明確に表される。(213) の shiver oneself は「自分を震えさせる」で「震える」という自動詞になり、(214) の find oneself は自動詞 be に置き換えることができる。

S=O の場合も補語が O の属性を表すことは、p. 109 で見たとおりである。

(213) He would shiver himself warm.　OS　彼は震えているうちに温かくなるだろう。

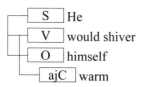

(214) Van Cheele found himself engaged in the novel process of thinking before he spoke.　GE　話しかける前に、ヴァン・チールは異常な思考経路をたどっていた。

7. SVOI　*Fuentes handed him the sword.*
　　フエンテスは彼に剣を手渡した。

1) O が具体物の SVOI
　物や言葉の授受はこの完全文型の最もわかりやすい例である。

(215) Fuentes handed him the sword.　UD　フエンテスは彼に剣を手渡した。

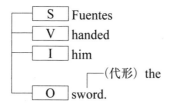

114

(49) She had already told it to you. の tell の間接目的語は to you であったが、次の (216) では for you である。buy for you の for you が間接目的語であるなら、told it for you の for you も間接目的語である。ただし、前置形の (told) you は通常 to you と後置され、特に利を強調するときに for you で後置されると考えられる。

一方、(217) では、その存在が前提とされている話者を示す間接目的語 me の方が、代名詞化されている。そして、より情報価値の高い直接目的語は、代名詞化されることなく文末に置かれている。

(216) Somebody else had already told it for you.　FM　誰かが君のために先にしゃべりに来てた。

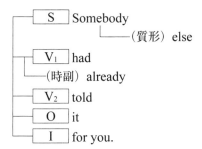

(217) He asked me a question down below.　FW　あの男に往来で呼び止められた。

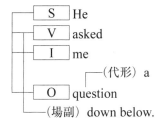

2）O が抽象概念の SVOI
① O が抽象名詞の SVOI
(218) は抽象的な事柄を直接目的語とする、目に見えない授受の例である。

(218) You leave this to me.　FA　まかせとけ。

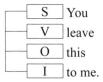

「自分に笑うことを許す」という (219) は、主語の「主任」と直接目的語の「笑うこと」が同一でない他動詞である。

(219)　As the clients were both male the chief clerk allowed himself a laugh.　CO　顧客がどちらも男なので、主任は思わず笑いだす。

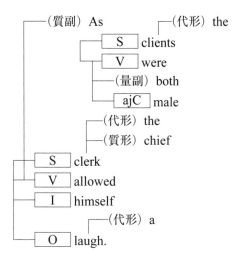

動詞 look を -ly のついた副詞で修飾するよりも、直接目的語 (give a) look の方が多くの形容詞で修飾できる。

Ⅶ. 英語の文型

(220) He gave a quick, surprised, but uncritical look back to his father before he seemed to be drawn through the door he'd opened.　WG
一瞬、驚いたような、しかし咎(とが)めてはいない目を父親に向けると、彼は、自分が開けたドアのなかに吸い込まれて行ったようだった。

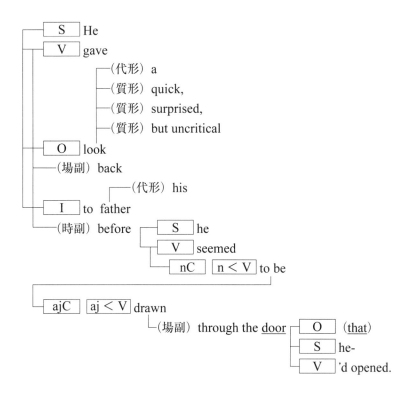

(221-23) の of もすでにみた (50) と同様に分離の意味をもち、間接目的語が起点を示している。

(221) What does Dr. James Mortimer, the man of science, ask of Sherlock Holmes, the specialist in crime?　HB　科学者のジェームズ・モーティマー博士は犯罪の専門家であるシャーロック・ホームズから何を聞きだしたのですか。

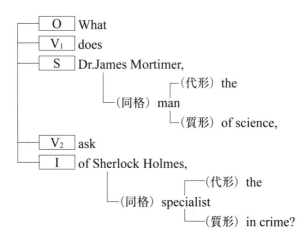

(222) What you want of a dead mouse, anyways?　MM　おまえ、いったい、死んだ二十日ネズミをどうしようっていうんだ。

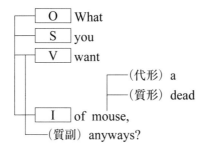

(223) What do you want of us?　MD　おれたちに何を望んでいるのですか。

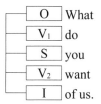

(224) の what was a smile of welcome（歓迎の微笑である何か）は she thought（彼女が考える）の直接目的語でもある。そして、この what was a smile of welcome には、先行詞 something などを想定することができる。

(224) She gave me what she thought was a smile of welcome.　KR　彼女は歓迎のつもりで微笑みかけてきたらしい。

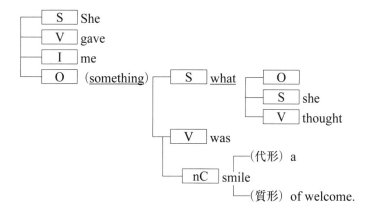

② O が不定詞の SVOI

授受される抽象的な事柄が、不定詞で表される「変化」の場合もある。この場合、主文の間接目的語が、不定詞で名詞化された動詞の主語である。

(225)　I want you to lend me three hundred dollars.　MA　300 ドル貸して欲しいんだ。

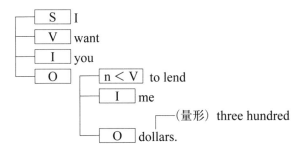

(226-27) のように直接目的語の不定詞が to なしの場合もある。

(208) でみた make him professional（彼をプロにする）では、O に対する使役の結果が補語で示されていた。これに対して、(226-27) の使役では O の不定詞で示される変化が、不定詞の主語である間接目的語に利害をもたらす構造になっている。

(226)　He let the thirsty horse drink out of the pool.　FT　彼は咽喉のかわいている馬に水たまりの水を飲ませた。

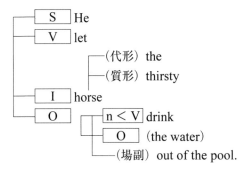

(227) What makes you think the letters would be phony?　BM　手紙が贋(にせ)だとどうしてわかる。

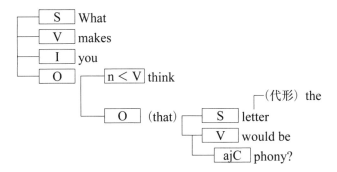

③ O が現在分詞の SVOI

want の直接目的語は不定詞で表されることが多いが、口語では（228）のような現在分詞を想起させる動名詞の例も見いだせる。現在分詞は「〜しつつ」の意味を持ち、進行形にも使われる。したがって、目的地をも表す to に続く不定詞よりは、動名詞の方が実現に近いとみなされる。

(228) I don't want you coming back here!　VD　もうここへは来てほしくない。

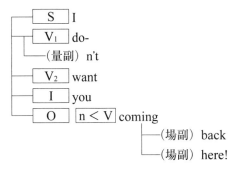

④ O が間接話法文の SVOI

次の例では、間接話法の文が直接目的語である。

(229) I told your father you'd probably call last night.　PB　たぶんあなたがゆうべ電話をくれたんじゃないかと、お父さんには言っておいた。

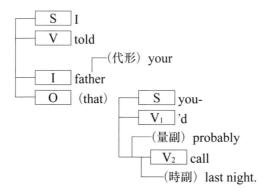

bring 〜 home to a person は直訳すると「誰かに〜を心の奥底まで（home）持っていく」で、「〜をしみじみと訴える」、「深く悟らせる」などと訳される。このような言い回しも直接目的語が間接話法文である。

(230) I can bring home to you how deeply that action touched me.　HC　その行為がどれだけ深くぼくの心を動かしたかを、あなたにうまく説明できる。

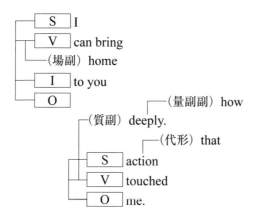

⑤ O が直接話法文の SVOI

　直接目的語が直接話法文の SVOI 型もある。O の位置はさまざまで、O が文頭に出る疑問文（231）もあれば、（232）のように分断される場合もある。

Ⅶ. 英語の文型

(231) "Where?" he asked me. LM 「どこだい」と彼は私に訊いた。

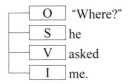

(232) "Then be a good boy for your mother," Bodger told him, "or you'll have to move to some place strange and far away." WG 「じゃあ、お母さんのためにもいい子になるんだよ。そうでないと、どこか遠い、だれも知らないところに引っ越さなければならなくなっちゃうんだよ」とボジャーは彼に言った。

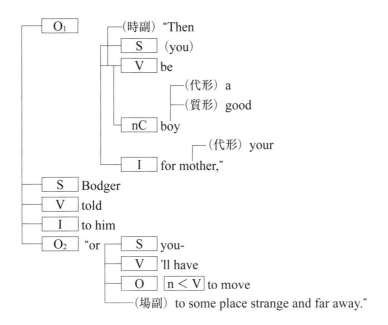

8. av *Absolutely.* そうとも。

疑問文に対する答えでは、副詞だけで要点を答える例が見られる。

(233) (Will the headman distribute it?) Absolutely (you are right). HL
(親方がそれをみんなに分けるのかい。) そうとも。

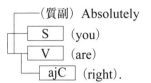

(234) (Where is he?) On the beach. PB （今どこなの、あの人。）浜よ。

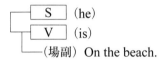

疑問文でなくても、状況からわかる場合は副詞だけの文になることがある。なかには (236) やスタート合図の On your mark.（位置について）のように、定型表現になっている例もある。

(235)　Then in a pallier voice.　BK　それからいっそう親しげな声で。

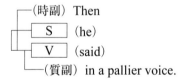

(236)´ On your feet.　SR　立て。

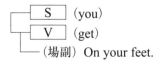

さらに状況に依存して、前置詞を省略するなどの簡略化も見られる。
(237-39) では副詞（句 / 節）の一部だけが残っている。

Ⅶ. 英語の文型

(237) (What are you talking about?) Hope.　SR　(何の話をしているんだ。) 希望さ。

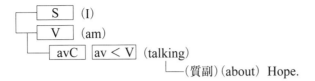

(238) (Who was Costello phoning to?) Atkinson.　BM　(コステロが電話していた相手は誰なんだ。) アトキンスンさ。

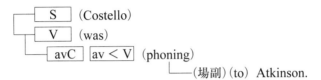

(239) (it is because of) Drink.　HL　酒のせいですよ。

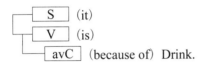

9. S-c *You interested in fish?*　魚に興味をお持ちかな。

　主語と補語だけの文もあげられる。ここで省略されているのは、主に動詞 be である。このことも「ある / いる」という動詞が、事物の存在を示すだけで了解される、言わなくてもわかる動詞であることを示している。

125

1）形容詞補語の S-c

　　（240）　You interested in fish?　GF　魚に興味をお持ちかな。

　　（241）　Nice to meet you again.　BC　いいところでまた会えた。

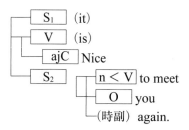

2）副詞補語の S-c
　　動詞 be が省略された、主語と副詞補語だけの文もある。

　　（242）　Miss Huntress in?　TB　ミス・ハントレスはいるかね。

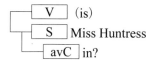

(243) A lot of gossip flying about.　TW　さまざまな噂が駆け巡っている。

3) 名詞補語の S-c
　主語と補語名詞をつなぐ動詞 be が省略された文型は、アラビア語、ロシア語、マレー語、インドネシア語等々多くの言語で、特に現在時制に見られる。日本語でも、話し言葉では「その人、うちの弟」のような例がある。

(244)　You a dick?　FM　刑事さんで？

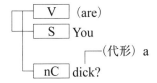

(245)　You poor, innocent little career girl.　UW　気の毒に、まったく無邪気きわまりない、うぶな人だね、この人は。

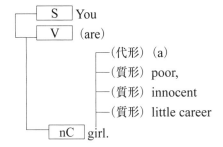

10.　c　*All right.*　いいですよ。

　「～は～である」という SV-c の典型的な文では、旧情報の主語について補語

が新情報を与える。そこで、最も情報価値の高い補語だけの文が生まれる。

1）質形容詞補語の -c

質形容詞の補語だけからなる文には、次のようなものがある。

(246)　All right.　VG　いいですよ。

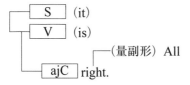

(247)　Carefull.　SL　気をつけな。

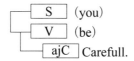

(248)　Just folded, like a handkerchief or a hinge.　FW　男はハンカチか蝶番を折り曲げたような格好だった。

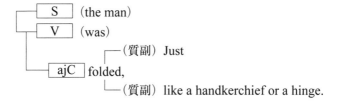

2）量形容詞補語の -c

量形容詞補語の文では間接目的語を伴う例しか見当たらなかった。英語で見る限り、質よりも量の方が名詞から分離しにくいと言える。

Ⅶ．英語の文型

(249) (What is an hour?) More to me than to him.　WL　(一時間の差がどうだというんだ。）そいつはあの爺さんよりおれにとって、ずっと重要だね。

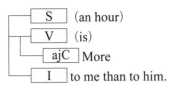

3) 場副詞補語の -c

場副詞補語だけの文も少なかった。移動の動詞に伴う場副詞に比べて、「どこにあるか」を静的に補語で表す文の頻度は低いので、その省略も少なかった。

(250) (What is it?) From the Black Eagle.　ID　(なんだい。）黒鷲亭からです。

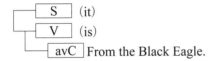

(251) (Where have you been?) Out to get a breath of air.　HL　(どこにいたんだ。）外でいい空気を吸ってたのよ。

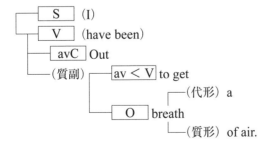

4) 時副詞補語の -c

時副詞補語が動詞 be の補語になると「催される」という意味に限定されるので、この例も少なかった。

(252) (What time is this wedding?) Five o'clock in the afternoon.　WG
　　　（その結婚式は何時からだい。）午後 5 時からよ。

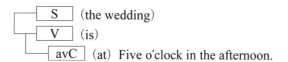
　　　　　　　S　　（the wedding）
　　　　　　　V　　（is）
　　　　　　　avC　（at）Five o'clock in the afternoon.

5）質副詞補語の -c

質副詞が補語になるのは主に進行形であるが、口語の疑問文では SV が省略されて現在分詞補語だけになる例がみられる。また、動詞 be 以外の補語では(254)のような例もある。

(253)　Catching butterflies?　FW　蝶々をつかまえていたのかね。

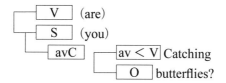
　　　　V　　（are）
　　　　S　　（you）
　　　　avC　　av ＜ V　Catching
　　　　　　　　O　　butterflies?

(254) (Can you hear me now?) Loud and clear.　MI　（今の聞こえた？）はっきりと。

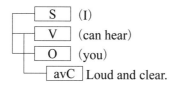
　　　　S　　（I）
　　　　V　　（can hear）
　　　　O　　（you）
　　　　avC　Loud and clear.

6）名詞補語の -c

名詞が形容詞の束からなるならば、名詞は形容詞より情報量が多い。それだけに、名詞補語はどの属性を取り上げたいのかがわかりにくい。そこで、名詞補語だけの文には（256）のように修飾語がついている例が多くみられる。

(255) Nonsense.　HL　そんな馬鹿な。

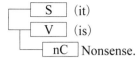
- S (it)
- V (is)
- nC Nonsense.

(256) What a dirty trick!　SA　なんといううす汚いトリックだ。

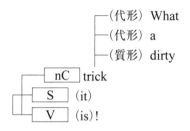
- (代形) What
- (代形) a
- (質形) dirty
- nC trick
- S (it)
- V (is)!

11. S　*Any trouble here?*　何か問題でも。

1) (there be) S

there be～（～がある）を省略して主語だけになっている例としては、次のようなものがある。there be はそこに存在することを示すだけなので、これを省略して主語を提示するだけで事物の存在は了解される。

(257) Any trouble here?　FW　何か問題でも。

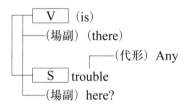
- V (is)
- (場副) (there)
- (代形) Any
- S trouble
- (場副) here?

(258) Nice gardens along here.　VG　このあたりには立派な庭がありますね。

2) 疑問文に答える S
主語を問う疑問文に対する答えは、主語だけで事足りる。

(259) （Who did this?）A miner.　MD　（だれがやったんだ。）炭鉱夫です。

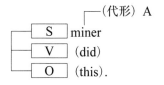

(260) （Who identified him?）Stuff in his pockets.　FM　（身元はどこから割れたんだい。）ポケットの所持品からです。

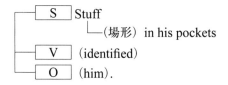

3) 聞き返し・言い直しの S
疑問文の一部を聞き返したり、平叙文の一部を言い直したりするときに、主語だけを取り上げることもある。

(261) (Where does he hang his hat?) Who? NG (やっこさん、ふだんはどこで寝る (=どこに帽子を掛ける) んだ。) 誰がです。

なお、(262) の ( ) 内の go tell は go to [to tell (不定詞=名詞)] の行先を示す前置詞 to と不定詞を示す to が、二つとも消失したものとみられる。

これには、go (and) tell の可能性も考えられる。しかし、副詞を伴わない go の頻度は低いので、後続の語は副詞と見る方が自然である。

(262) (Go tell us what the weather is doing.) The weather? WG (天気の様子をみてくれないか。) 天気?

4) 状況でわかる S

前文や後続文に依存することなく、省略部分を復元できる文型 S もある。(263) に類する例としては、No smoking. (禁煙)、No parking. (駐車禁止) などの定型表現もある。

(263) No peekin'. FW のぞかないでね。

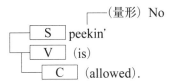

(264) What if they had fallen into other hands as adventurous as his?　GD
あのカードが彼と同じくらい冒険好きな他の男の手に渡っていたら、どうなっていただろう。

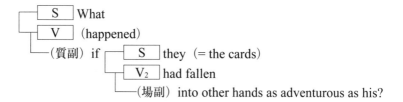

12. VOI　*Give me the book.*　その本を貸してごらん。

1）命令の VOI

主語の you を省略した命令文の VOI では次のような例がある。間接目的語は常に人または擬人化されたものなので、代名詞で動詞の直後に現れる。そして、冠詞も含めた修飾語を伴う、情報価値の高い直接目的語はその後に置かれる。

(265)　Give me the book.　DC　その本を貸してごらん。

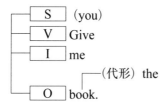

(266)　Tell him to wait.　MD　待ってもらってくれ。

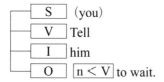

間接目的語が主語と同一の「自分にコートを着せる」は、主語が「コート」という直接目的語に変化をもたらす他動詞である。その変化の利害が、「自分に」及ぶ。

134

（267） Get yourself a long coat.　NG　長いコートを着たほうがいい。

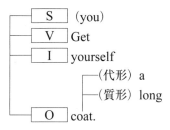

次のような Let の命令文では、間接目的語と to なし不定詞の直接目的語が現れる VOI 文型になる。

（268） Let's you and me nibble one.　FW　一杯、やろうじゃないか。

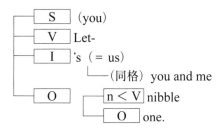

2） S が前文と同じ VOI

二つの文が and で続けられるとき、前文と同じ主語が省略されると VOI の文型になる。

（269）は ran、pulled、brought の三つの動詞の間に主語を挟まないことで、動作の連続を表している。また、(270) は前文の主語とかなり離れているけれど、主語を繰り返さないことで動作に連続性が生まれる。

(269) (Rosy ran to the post and pulled out the knife and) brought it back to Pepe.　FT　(ロージーが杭のところへ走りよって、ナイフを抜きとり、) もどってきてペペに渡した。

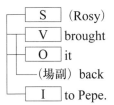

(270) (he would not lose his temper on account of the night it was and) asked his wife to open some more stout.　CL　(こういう晩なんだから癇癪を起さないでおこうと言って、彼は) もっとスタウト・ビールの栓を開けてくれないかと妻に言った。

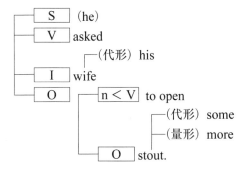

3) S が状況でわかる VOI
　　(271) には you という間接目的語があるので、命令文ではないとわかる。

(271) Tell you the rest in the morning.　NG　この続きはあすの朝、話すよ。

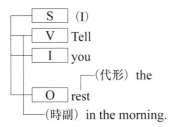

(272) は you を主語とする疑問文の答えなので、言わなくても主語は I だとわかる。

この文は直訳すると「私は自分のために銃を手に入れている」であるが、間接目的語の me「自分のために」を訳しだすと不自然な日本語になる。先行する疑問文も、日本語では「（あなたは）何を持っているか」と人が主語の他動詞ではなく、「何があるか」と事物が主語の自動詞で表すのが常である。I have a dream / a brother / a fever. は、日本語では「私が夢を / 兄弟を / 熱を持つ」ではなく「私には夢が / 兄弟が / 熱がある」と言う。したがって、この場合、「～を持っている」という他動詞ではなく、「～です」と自動詞で答える方が日本語らしい。

(272)　(What you got down there?) Got me a sawed-off.　FW　(そこに何があるんだね。) 銃です。

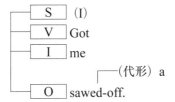

13. SVI *I told that guy.*　俺、そいつに言ったんだ。

1）SVI (O)
　間接目的語が特定する修飾語を伴うなど、新情報として重要性をもつとき、了解されている直接目的語は表されないことがある。

　　(273)　I told that guy.　SL　俺、そいつに言ったんだ。

　　(274)　I asked the other one.　LW　もう一人の女に、ぼくは訊いた。

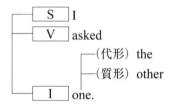

2）O が動詞でわかる SVI
　(275) の pay は直接目的語の money（お金）がなくても、動詞だけでわかる。また、(276) の win も本来は lose（〜を失う）と対になった「（勝利を）得る」という他動詞である。しかし、「何を」得たかよりも「得た」か、「失った」かの方が重視されて、直接目的語は現れないことがある。

Ⅶ. 英語の文型

(275)　He wouldn't pay me.　MQ　あいつはおれに払おうとはしなかった。

(276)　The workers had won for themselves in 1936.　HC　1936年に労働者たちは自らのために勝利した。

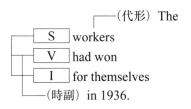

3) O が状況でわかる SVI

write（書く）の直接目的語は「手紙」とは限らない。しかし、間接目的語の「誰かに」向けて書いたものは必然的に手紙になるので、この文脈では「手紙を」が省略されているとわかる。

(277)　I do not write her.　SE　手紙は書かないんです。

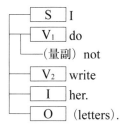

139

(278) Couldn't I read to you?　SK　あなたに本を読んであげましょうか。

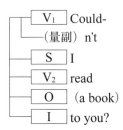

(279) の直訳は「私は彼にレモネードについてアドバイスするべきだった」となり、直接目的語はない。him を直接目的語だとみるならば、(280) のような図も考えられる。しかし、修飾語である about lemonade（レモネードについて）から、不在の直接目的語 something が想定される。そして、不定詞が直接目的語の場合は、him は間接目的語になる (281)。つまり、アドバイスには常に内容があると想定できる。したがって、(279) のように (281) の不定詞に代わる直接目的語 somethig を設けて、him は間接目的語とみるのが妥当だと考えられる。

(279)　I should have advised him about lemonade.　DR　レモネードを飲むように言ってやればよかった。

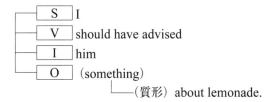

(280)

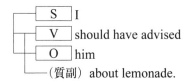

140

(281) I should have advised him to drink lemonade.

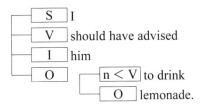

14. O *(Yes,) a cake of soap.*　（ええ、）石鹸をね。

1）疑問の答え・聞き返しの O

疑問文の一部を穴埋めする答えが、直接目的語だけの文もある（282-83）。(284) では肯定か否定かを問う疑問文に対して、直接目的語だけであいまいに答えている。また、文の一部を聞き返す、直接目的語だけの文も挙げられる（285）。

(282) (Have you lost anything?) (Yes,) a cake of soap.　DK （何か失くされたのですか。）（ええ、）石鹸をね

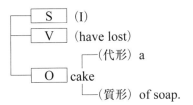

(283) (He has green eyes and black hair.) (What else?) No mommy and no daddy.　UW （目はグリーンで髪は黒いの。）（それから？）ママもパパもいない。

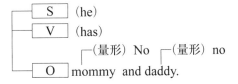

(284)　(Did you talk to this psychiatrist? Well,) sort of.　PB　(その精神分析の先生と話したの。うん、) まあね。

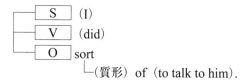

(285)　(I'd show you my etching.)—Just one etching?　FW　(ぼくの版画を見せる)── 一枚だけ？

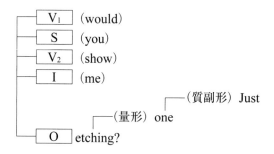

2)　命令のO

　主語 you だけでなく動詞も省略して、O だけで表す命令文もある。(286) の light (灯り)、や (287) の eye (注意) はそれだけで要点を端的に表している。この例は、¡Ojo! (目) だけで、「注意しなさい」という文になるスペイン語と似ている。

(286)　Lights out.　SR　消灯。

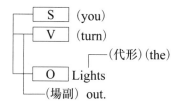

（287） Eye on the package.　MI　標的から目を離すな。

3) 状況でわかる O

挨拶や決まった言い回しなどの定型表現では、重要な部分である直接目的語だけの文が見られる。(288) に類する例としては、(I wish you) (a) Merry chistmas. / A happy new year. / (a) Good luck. / All the best. / Thanks a lot.（楽しいクリスマスを / 新年おめでとう / いいことがありますように / 万事がうまくいきますように / どうもありがとう）なども挙げられる。

また、(289) はその場の状況で語を補うことができる例である。

（288）　Good morning.　HM　おはよう。

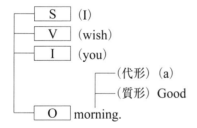

（289）　Every mortal luxury.　TW　あらゆる贅を凝らしてある。

15. V-c *Don't be fresh.*　偉そうにしないで。

　動詞と補語の文型 V-c では、動詞 be と補語の例がまず挙げられる (290)。また、be よりも動的な get と補語の例も見いだせる (291)。それ以外では、sound の例も挙げられる (292)。

(290)　Don't be fresh.　PB　偉そうにしないで。

(291)　(It's heavy, ...) Get set.　GF　(陰気な話なんだ。) 人ばらいをしてくれ。

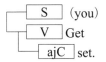

(292)　Sounds exciting.　WG　ずいぶんとおもしろそうじゃないか。

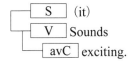

16. V-cO *Call me Sunset.*　名前はサンセットでいい。

1) 命令の V-cO
　命令の V-cO では call の例がまず挙げられる (293)。

Ⅶ. 英語の文型

（293） Call me Sunset.　GF　名前はサンセットでいい。

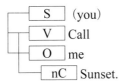

（294）では、漠然とした状況を指す it が直接目的語になっており、補語の方が重視されている。

（294） Just take it easy.　DW　楽にしていなさい。

（295）の直接目的語は主語と同一であり、「自分が自分をおしゃれに（格好良く見えることに）する」という直接再帰使役文である。そして、それは「自らおしゃれしろ」という自動詞の命令文になる。

（295） Make yourself look nice.　NG　おしゃれをするんだ。

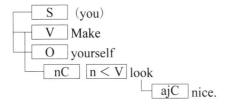

2）S が前文と同じ V-cO
　前文と同じ主語を省略して V-cO になった文では、次のような例が挙げられる。
（297）では知覚動詞 watch が to なし否定詞 come を名詞補語にしている。

145

(296) (I leaned down and) pulled the knife loose.　FW　(私はからだを
かがめて)ナイフを取りあげた。

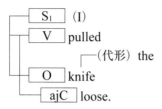

(297) (They sat on the doorsteps and) watched a big white moon come
over the mountaintops.　FT　(彼らは戸口の階段の上にすわって、)
大きな白い月が山の頂にのぼるのを見まもった。

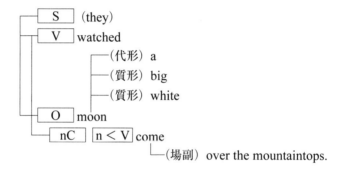

17.　VI　*Tell me about that pick-up on Noon Street.*
　　ヌーン街で拾ったものの話をしてくれないか。

1) 命令の VI

　E. Hemingway、J.Steinbech、A. Christie、R. Chandler の作品群から抜き出したデータで調べると、具体物を与える give の命令文型は、48例中47例がVOI で、1例だけ VO があった；(You are about forty-eight years of age.) Give or take four years. PN ((あなたは48才というところでしょう。)前後に4才の含みをもたせてくれたまえ)(図表18)。

　一方、言説を与える tell の命令文型は図表19をみると、give と同じく VOI が60％で最も多い。けれども、VI も30％を占め、7％の VO や3％の V もあり、give よりは多様である。

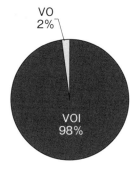
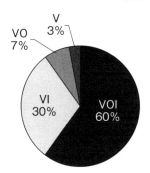

図表 18　give 命令の文型頻度　　　図表 19　tell 命令の文型頻度

　give よりも tell の命令文型が多様である理由は次のように考えられる。Tell が直接目的語とする言説は、give が直接目的語とする具体物よりは語が長いので、省略されやすい。また、命令によって言説を引き出そうとする場合は、その内容をはっきり言えないことがある。さらに、直接目的語の言説がなくても、about に導かれる質副詞でその内容を表すことができる (298)。このほかに一例だけ見られた V 文型の tell も、長い質副詞を伴っている；Tell about that money somebody hid in a shoe. NC（誰かさんが靴のなかにかくした金のことを話してくれないか）。

（298）　Tell me about that pick-up on Noon Street.　PK　ヌーン街で拾ったものの話をしてくれないか。

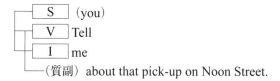

2）S が前文と同じ VI

　前文と同じ主語を省略して、VI になる文もある。

(299) ("Funny thing happened," I told her, and) told her about the funny thing.　PC　(「妙なことが起こった」私は彼女に言った。そして、)その妙な出来事について彼女に話した。

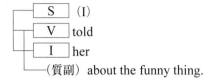
　　S　(I)
　　V　told
　　I　her
　　(質副) about the funny thing.

3) S が状況でわかる VI

間接目的語が現れる文で、VI だけになる文はごくまれである。SVOI の完全文型では、間接目的語の人称代名詞が 1 音節であるのに対して、直接目的語は言説などの長い語句になることが多い。そして、ほどんどの場合、この O が文の新情報になる。したがって、(300) のように O が省略されて I の方が残る例は、きわめて少なかった。

(300) Told Louise tonight.　HM　今夜ルイーズに話した。

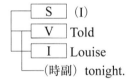
　　S　(I)
　　V　Told
　　I　Louise
　　(時副) tonight.

18. SO-c　*You better take a sandwich.*
　　サンドイッチを一つ持っていくといい。

　SO-c 文型の例では、had better〜（〜した方がよい）の had が省略された口語だけがあげられる。

　例えば SV-cO の (205) Mama thought him fine and brave. で動詞を省略して、SO-c の Mama him fine and brave. としたのでは、意味が通じなくなる。あるいは、S-cO の Mama fine and brave him. でも、意味は通じない。

　にもかかわらず、had better で動詞の省略が可能なのはなぜか。それは、V-c の結びつきが強いために、V を省略しても -c だけで容易に had better が復元されるからだと考えられる。

（301） You better take a sandwich.　BA　サンドイッチを一つ持っていくといい。

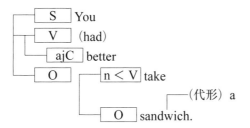

19.　aj　*Only six!*　たった六頭ですって。

　他の要素が省略された、形容詞だけの文もある。残った形容詞は最も情報価値が高いものであり、他の要素は前後の文から推察される。(302-03)では、前文に含まれている形容詞が繰り返されている。

（302）　(There were only six.) Only six!　PB　（トラは、たった六頭よ）たった六頭ですって。

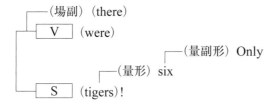

(303) (It must be a difficult situation for you all.) Difficult! AS （あなたがたにとっちゃ、ずいぶん、難しいことになったんだね。）難しいどころの騒ぎじゃないよ。

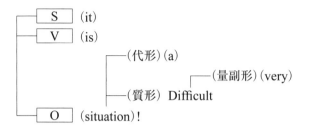

(304)の形容詞は、副詞補語に含まれている補語であるが、この形容詞も前文の問いに答える肝心な部分である。

(304) (How are you feeling?) Marvellous. HL （気分はいかがです。）素晴らしいわ。

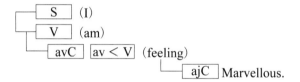

20. O-c *Better wait till it goes on.*　時期を見てやればいいさ。

SO-c 文型の例はもっぱら（301）のような had bettar の省略であったが、O-c 文型もすべて had better の例であった。

ここでは、SO-c の S さえも省略されている。この S の省略は、相手が限定されている命令の主語 you の省略に類する。ただし、命令よりは弱い、忠告を表している。

（306）では直接目的語となる不定詞の動詞 be も省略され、場副詞だけで動詞を想定させる。この省略が可能なのは、(be) off ((いる) 隔離して) の to なし不定詞 be が言わなくてもわかるからだと言える。

(305) Better wait till it goes on.　TS　時期を見てやればいいさ。

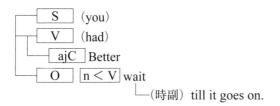

(306) Better off in a zoo.　WG　動物園にでも入(い)れたらいいのよ。

21. I *Nobody except Gertrude.*　ガートルードだけのはずですわ。

間接目的語だけの例では (307) があげられる。また、(308) のような本の献辞にもこの文型がみられる。しかし、この他の例は見いだせなかった。
図表 15-16 (p.72) で見たとおり、他の要素と比べて極端に出現率の低い間接目的語は、それだけで文になることもまれである。

(307) (Who did he ask (something) about it at the hotel?) Nobody except Gertrude.　NC　(ご主人はその件について、ホテルでは、どんな人に話されたのですか。) ガートルードだけのはずですわ。

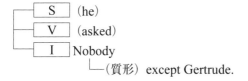

(308) For Colin and Brendan.　WG　コリンとブレンダンに捧ぐ。

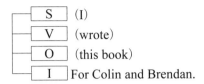

22. OI　*Good night to you.*　おやすみ。

この文型は挨拶などでよく使われる。

　歌でよく知られている Happy birthday to you.（誕生日おめでとう）もこの文型だが、本書の資料には見当たらなかった。その理由は次のように考えられる。(309) の「（あなただけに）おやすみ」には、「他の人ではなくあなただけに」という選択の余地がある。けれども、その日が誕生日の人が複数いるとは考えにくいし、いたとしても誕生日を祝わない訳はない。「あなただけ」を祝う Happy birthday to you. は極めて不自然である。

　挨拶など定型表現以外の (311) のような例は、ごくまれであった。出現率 36％（図表 16, p.72）の直接目的語を伴っても、定型表現でなければ間接目的語はやはり現れにくい要素だといえる。

　(309) Good night to you.　FW　おやすみ。

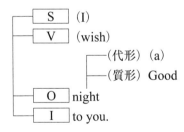

(310) My love to Daddy.　PB　パパによろしく。

(311) (I pay) Fifty grand for you and another fifty for Marty?　TB　君に5万ドル、マーティーにもう5万か。

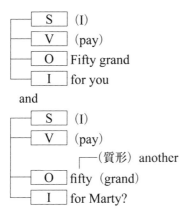

23. SO　*Two more of them cocktail drinks.*
　　もう二人、カクテルがほしいって。

　SO 文型の例は（312）だけしか見つからなかった。

　SO は二つの名詞が並ぶ。名詞が二つ並ぶのは、この他に Sc で補語が名詞の文がある（244-45）。Sc の場合は S＝c であり、省略されやすい動詞 be が容易に復元される。しかし、SO は S≠O であり、二つの名詞の関係を示す動詞を復元するのは容易ではない。したがって、S と O の情報価値がともに高く、動詞の情報価値がかなり低い場合でなければ、この文型は現れにくいと考えられる。

(312) Two more of them (want) cocktail drinks.　CT　もう二人、カクテルがほしいって。

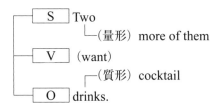

24.　SV-cOI　*I kept it hot for her.*
　　　　　　　私はロースト・ダックを彼女のために温めておいた。

　この文型も (313) が見つかっただけである。
　SVOI-c の完全文型に補語までついた文は、焦点が定まりにくい。このために、頻度が極めて低いと考えられる。それでも (313) は全て単音節の語で、盛りだくさんの要素を一文にまとめている。

(313)　I kept it hot for her.　HA　私はロースト・ダックを彼女のために温めておいた。

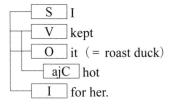

25.　SV-cI　*It would be too much for me.*　私には、やっぱり無理よ。

　buy for me や give to me の for me や to me という間接目的語は動的な変化によって利害を生じている。これに対して、無変化を含む静的な変化の利害を生じているのが、(314) の for me や (315) の to me だといえる。(314) では、そのことが「無理」であることが「私に」害をもたらしている。また、(315) では連中が「ちょろくは見えない」ことが、「私に」とって起きている変化である。
　4次元認識の構造に立ち返るなら、変化が自己に終わる自動詞であっても、またその利害が特筆すべきものでなくても、変化の外にあって利害を生じる立場に

ある第三者は、間接目的語とみるべきである。

(314) It would be too much for me.　GN　私には、やっぱり無理よ。

(315) They don't look easy to me.　BJ　ここの連中は、俺にはちょろくは見えないぞ。

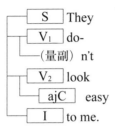

26. SOI　*You, Peter the mitt.*　君がピーターにミットを。

SOI 文型の例は、本書のデータに見つからなかった。

そこで、(316) のような文が可能かどうか、イングランド出身の同僚三氏に尋ねた。

一氏は、この文は可能であると答えた。もう一氏は、(I gave John the glove, and) you Peter the mitt. のように " , " の位置を変えれば可能だという。そして、もう一氏は、文にならないと答えた。その理由は、動詞を省略して名詞が三つ並ぶのは、許容できないからだという。

したがって、この文型は、かなり無理があるものの、人によっては成立しうる文型だといえる。

(316) (I gave John the glove and) you, Peter the mitt. （私がジョンにグローブをあげ、）君がピーターにミットをあげた。

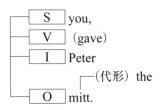

27. SO-cI *He the beer cool for my father.*
  彼は父のためにビールを冷たく。

　SO-cI もデータにはなかった。そこで、上記三氏の同僚に（317）の可否を訪ねたところ、一氏は可能だという答えだった。もう一氏は、(I kept the room warm for my mother, and) he the beer cool for my father. のように、", "の位置を変える必要があるという。しかし、それでも言えるかどうかわからない、という返答であった。また、もう一氏は、動詞を省略するとぎこちない感じがするという。そして、名詞が三つ並んでいる文が可能だとは思えない、とのことであった。
　-c が加わったために（316）より許容の度合いが低いけれど、この文型は可能だという意見もあった。

(317) (I kept the room warm for my mother and) he the beer cool for my father. （私は母のために部屋を暖かくし、）彼は父のためにビールを冷たくした。

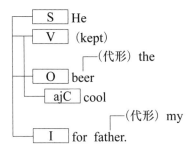

Ⅶ. 英語の文型

28. V-cOI　*Keep the room warm for your mother.*
　　　　　お母さんのために部屋を暖かくしておきなさい。

V-cOI もデータに見つけられなかったので、同じく三氏の同僚に尋ねてみた。すると、(318) は、三氏とも問題なく可能であるという意見で一致した。

データをもっと広く会話文に求めるなら、見つけることができる文型だと思われる。

　　(318)　Keep the room warm for your mother.　お母さんのために部屋を暖かくしておきなさい。

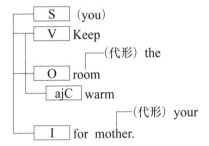

29. SI　*I, to his father.*　私はその父親に。

SI もデータに見いだせなかったので、三氏に意見を求めた。すると、全員一致で (319) は可能であるとのことだった。ただし、一氏は " , " の位置を (You wrote (a letter) to John, and) I to his father. と変えるべきだとの条件つきであった。

　　(319)　(You wrote (a letter) to John and) I, to his father.　（あなたはジョンに手紙を書き、）私はその父親に書いた。

157

30. SI-c *You working for your family?*
あなたは家族のために働いて？

データに見られなかった SI-c 文型の（320）は、三氏とも可能であり、会話にはよく見られる文型だという。（320）は動詞の省略で例にあげた S-c 文型の（102）You fighting here? に近い文型である。

ただし、同じ文型でも平叙文の You（are）working for your family. は三氏とも文とは認めなかった。したがって、動詞が文頭にある疑問文のときだけ省略が可能で、SI-c 文型になるといえる。

（320）　You working for your family?　あなたは家族のために働いているのですか。

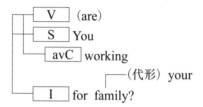

31. V-cl *Be careful for the children.* 子供たちのために気をつけて。

データになかった（321）のような文は、三氏とも一致して文と認めた。ただし、一氏は Be careful, for the children. のように "," が必要だという意見であった。

（321）　Be careful for the children.　子供たちのために気をつけて。

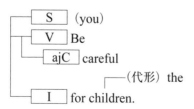

32. O-cI *The beer cool for my father.* 父のためにビールを冷たく。

データには見つけられなかった O-cI 文型の (322) も、三氏とも文だと認める。なお、一氏は " , " の位置を I kept the room warm for my mother, and he the beer cool for my father. に変えることが条件であった。

(322)　(I kept the room warm for my mother and) the beer cool for my father.　私は母のために部屋を暖かくし、父のためにビールを冷たくした。

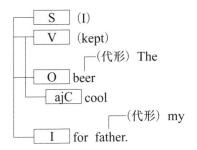

33. I-c *For the children, careful.* 子供たちのために、気をつけて。

量形容詞補語が残る例がごく稀であるために c 文型のところで挙げた (249) は、この I-c 文型で見い出せた唯一の例であった。そこで、これに類する (323) の可否を三氏に尋ねた。すると、二氏は文として認めなかった。そして、もう一氏は「これを文と認める人がいるかどうかわからない」という返答であった。

(323)　For the children, careful.　子供たちのために、気をつけて。

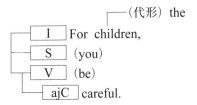

おわりに

　本書では英語をデータとして、文の深層構造を検証した。それは、人が物を見て、考え、それを言語で表すという言語生成の過程に基づいている。事物が4次元に存在するからには、それを表す文は4次元の構造に規定されているはずである。その4次元認識の構造が、あらゆる言語のあらゆる文の根底にある深層構造だと考えられる。深層構造はSVOIの相関構造をなしている。
　この深層構造は、人間の知覚に基づく4次元認識の範囲に限り、チョムスキー（1957, p.101 注9）が「見いだすことはできない」と考えた、個別言語の文法に先立つ「意味の絶対」と呼べるものだと言える。
　これまでの言語形式の記述においてもSVOIは経験的に導き出されていた。しかし、その存在の根拠は不明であった。「記述言語学」では「そこにあるから」と答えるしかない。現象の記述に際限がないからには、新しい現象が増えればSVOI以外に要素がくわえられる可能性もある。
　本書はこの経験的なSVOI記述に、認識という根拠を与える。それは諸科学が到達した4次元の相関構造によって、あらゆる言語を一なるものにする。
　これまでも、多様な言語の形式を一なる普遍で解き明かす試みは、数多くなされてきた。エルフルトのトマスの思弁文法、ポールロワイヤルの普遍文法、時枝誠記（もとき）の言語過程説、バンヴェニストの「言語範疇」、チョムスキーの深層構造などである。これらの試みが文の一なる構造を明らかにしえなかった原因は、「認識」の科学的な構造と関連づけられていなかったことにある。
　ポールロワイヤル文法、J. H. グリーンバーグ、チョムスキーが「普遍」と呼ぶのは形式の一般的傾向、共通性のことである。それは多くの場合にそうなる、という現象の寄せ集めにすぎない。論理的必然から導き出された、すべてを貫く普遍ではない。それゆえに、「なぜ」を説明することなく、少数派については「例外」という逃げ場を設けるしかない。この形式主義に対してレイコフ等の生成意味論者は、形式が内容に規定されるという正当な論理を主張した。しかし、それ以上の進展はなかった。一方、時枝の言語過程説では、言語を生成過程から解き明かすという。それは、形式を所与のものとするアリストテレス、ソシュールの言語観を覆す画期的な指摘であった。けれども、文の要素の一部（詞）は概念過程を経るが一部（辞）は経ないと、形式に基づいて線引きするなら、文全体

が概念過程を経て生成されたことにならない。

　そして、エルフルトのトマスやバンヴェニストはアリストテレスが示す実在のカテゴリーを言語（品詞）と対応させようとした。カントは、このカテゴリーが言語から導き出されたものにすぎないことを批判した。そして、これらを空間と時間のカテゴリーに集約した。それは、ニュートンが物理において示した絶対空間と絶対時間に対応される。カントの空間と時間が絶対的ではなく、相対的なものであることを明らかにしたのはヘーゲルだった。そして、アインシュタインはニュートンの絶対空間と絶対時間を4次元において相対的に捉えた。本書はこのアインシュタイン以後の諸科学の到達点を、記述言語学の成果と結びつける。そして、文の深層構造から英語の表層構造を説明しようとした。

　文は4次元の構成要素から成るSVOI完全文型の構造を限界とする。4次元の認識は空間と時間の相関において成り立っている。したがって、文のある要素が欠けているからといって、認識の一部が欠けているわけではない。それは、不要と見なして、言葉にしなかったのである。それも、話者の認識、判断である。捉えた現実をどんな語で、どんな構文で表すか、また、どの語は表さないことにするか、すべてが話者の判断である。

　この判断を皆が認め、共有するとき、個別言語のルールが生まれる。このルールは、文法として明文化されるか否かに関わらず、個々の発話によって常に書き換えられている。

　構文のルールは常に変化し、ゆえに、言語によって異なる。けれども、認識を表すかぎり、言語は4次元の限界を超えるものではありえない。本書の例で見る限り、英語においてこのことが結論づけられる。

　現実に始まる疑問に明快に答えるという、学問の責務を本書が果たしえていないなら、それは筆者の考えの至らなさによるものである。これについては読者諸氏の批判を仰ぎ、今後の課題としていきたい。

資　料　略　号

例文英訳の参考にした邦訳書については割愛させていただくが、訳者の方々には深く、敬意と感謝の意を表する。

AB: Joyce, James, *Araby*.
AG: Montgomery, Lucy Maud, *Anne of Green Gables*.
AM: Joyce, Jame, *A Mother*.
AP: Hemingway, Ernest, *A Pursuit Race*.
AS: Christie, Agatha, *The Mysterious Affairs at Styles*.
BA: Hemingway, *Ernest, The Battler*.
BC: Chandler, Raymond, *Bay City Blues*.
BF: Steinbeck, John *The Breakfast*.
BJ: Henry, O. *Babes in the Jungle*.
BM: Chandler, Raymond, *Blackmailers Don't Shoot*.
BS: Hemingway, Ernest, *Banal Story*.
BT: Henry, O. *Buried Treasure*.
CA: Broyles, JR. William, *Cast Away*. （Screenplay）
CH: Steinbeck, John, *The Chrysanthemums*.
CL: Joyce, James, *Clay*.
CO: Joyce, James, *Counterparts*.
CP: Mcbain, Ed, *Cop Hater*.
CS: Hemingway, Ernest, *Cross-Country Snow*.
CT: Henry, O. *The Call of the Tame*.
DC: Hemingway, Ernest, *The Doctor and the Doctor's Wife*.
DK: Saki, *Dusk*.
DR: O' Connor, Frank, *The Drunkard*.
DW: Hemingway, Ernest, *A Day's Wait*.
EE: Saki, *The Easter Egg*.
FA: Daniel Keyes, *Flowers to Algernon*.
FD: Alden Robinson, Phil, *Field of Dreams*. （Screenplay）
FM: Chandler, Raymond, *Finger Man*.
FS: Hemingway, Ernest, *Fathers and Sons*.
FT: Steinbeck, *John The Flight*.
FW: Chandler, Raymond, *Farewell My Lovely*.
GD: Henry, O. *The Green Door*.
GE: Saki, *Gabriel-Ernest*.

GF: Chandler, Raymond, *Goldfish*.
GN: Hemingway, Ernest, *The Gambler, the Nun, and the Radio*.
HA: Willcocks, Mary Patricia, *Hammer and Anvil*.
HB: Doyle, Sir Arthur Conan, *The Hound of the Baskervilles*.
HC: Orwell, George, *Homage to Catalonia*.
HL: Hemingway, Ernest, *The Short Happy Life of Francis Macomber*.
HM: Greene, Graham, *The Heart of the Matter*.
HN: Steinbeck, John, *The Harness*.
HS: Hemingway, Ernest, *Homeage to Switzerland*.
ID: Joyce, James, *Ivy Day in the Committee Room*.
JB: Steinbeck, John, *Johnny Bear*.
KY: Chandler, Raymond, *The King in Yellow*.
KR: Chandler, Raymond, *Killer in the Rain*.
LA: Faulkner, William, *Light in August*.
LM: Salinger, Jerome David, *The Laughing Man*.
LR: Sillitoe, Alan, *The Loneliness of the Long Distance Runner*.
LW: Hemingway, Ernest, *The Light of the World*.
MA: Fitzgerald, F. Scott, *May Day*.
MD: Steinbeck, John, *The Moon is Down*.
MI: Koepp, David & Robert Towne. *Mission: Impossible*. (Screenplay)
MM: Steinbeck, John, *Mice and Men*.
MQ: Hemingway, Ernest, *The Mother of a Queen*.
MT: Joyce, James, *The Mother*.
NC: Chandler, Raymond, *No Crime in the Mountains*.
NG: Chandler, Raymond, *Nevada Gas*.
OB: Hemingway, Ernest, *Old Man at the Bridge*.
OP: Fitzgerald, F. Scott, *The Offshore Pirate*.
OS: Hemingway, Ernest, *The Old Man and the Sea*.
PB: Salinger, Jerome David, *A Perfect Day for Bananafish*.
PC: Chandler, Raymond, *Pencil*.
PD: Poe, Edgar Allan, *A Predicament*.
PK: Chandler, Raymond, *Pickup on Noon Street*.
PL: Steinbeck, John, *The Pearl*.
PN: Chandler, Raymond, *Professor Bingo's Snuff*.
QS: Hemingway, Ernest, *On the Quai at Smyrna*.
RD: Steinbeck, John, *The Raid*.
RR : Henry, O. *A Retrieved Reformation*.
RW: Chandler, Raymond, *Red Wind*.
SA: Christie, Agatha, *The Secret Adversary*.
SC: Hemingway, Ernest, *The Sea Change*.

SE: Hemingway, Ernest, *A Simple Enquiry*.
SK: Hemingway, Ernest, *The Snows of Kilimanjaro*.
SL: McCanlies, Tim, *Secondhand Lions*. (Screenplay)
SN: Steinbeck, John, *The Snake*.
SS: Joyce, James, *The Sisters*.
SR: Darabont, Frank, *The Shawshank Redemption*. (Screenplay)
ST: Saki, *The Story-Teller*.
TB: Chandler, Raymond, *Trouble is my Business*.
TD: Hemingway, Ernest, *Today is Friday*.
TS: Poe, EdgarAllan, *Three Sundays in a Week*.
TT: Doyle, Sir Arthur Conan, *Thee of Them*.
TW: Christie, Agatha, *And Then There Were None*.
UD: Hemingway, Ernest, *The Undefeated*.
UE: Sillitoe, Alan, *Uncle Ernest*.
UW: Salinger, Jerome David, *Uncle Wiggly in Connecticut*.
VD: Manet, David, *The Verdict*. TheTwentieth Century Fox Motion Picture.
VG: Steinbeck, John, *The Vigilante*.
VS: Hemingwy, Ernest, *A Very Short Story*.
WG: Irving, John, *The World According to Garp*.
WL: Hemingway, Ernest, *A Clean, Well-Lighted Place*.
WN: Hemingway, Ernest, *A Way You'll Never Be*.

参 考 文 献

（アルファベット順）

安藤貞雄（2005）『現代英文法講義』開拓社
―― (2008)『英語の文型』開拓社
Bertk, Lynn M. (1999) *English Syntax: From Word to Discourse*. Oxford University Press.
Biber, Douglas, Stig Johansson, Geoffrey Leech, Susan Conrad, Edward Finegan. (1999) *Longman Grammar of Spoken and Written English*, Longman.
Chafe, Wallece L. (1970) *Meaning and the Structure of Language*. Chicago: The University of Chicago Press.
Chomsky, Noam. (1957) *Syntactic Structures*. The Hague: Mouton.
―― (1965) *Aspects of the Theory of Syntax*. Cambridge, Mass.: MIT Press.
Curme, George O. (1931) *Syntax*. Maruzen.
江川泰一郎（1991）『英文法解説』金子書房
エンゲルス，フリードリヒ（1876）「猿が人間化するにあたっての労働の役割」『自然の弁証法1』菅原仰訳 大月書店，1953-54.
Givón, Talmy. (2001) *Syntax I, II*. John Benjamins Pub. Co.
Halliday, M.A.K. (1994) *An Introduction to Functional Grammar*. Arnold.
Hornby, Albert Sydney. (1962) *A Guide to Patterns and Usage in English*. Oxford University Press.『英語の型と正用法』岩崎民平訳 研究社 1962.
細江逸記（1971）『英文法凡論』篠崎書林
Huddleston, Rodney, Geoffrey K. Pullum. (2002) *The Cambridge Grammar of the English Language*. Cambridge University Press.
Jespersen, Otto. (1909-49) *A Modern English Grammar on Historical Principles*. London: George Allen & Unwin, Copenhaben: Munsksagaard, 名著普及会，1983.
―― (1924) The Philosophy of Grammar. London: George Allen & Unwin. 第7刷 1951.
久野暲、高見健一（2005）『謎解きの英文法 文の意味』くろしお出版
―― (2013)『謎解きの英文法 省略と倒置』くろしお出版
Lakoff, George. (1971) "On Generative Semantics". D.D.Steinberg & L.A.Jakobovits eds. *Semantics: An Interdisciplinary Readers in Philosophy, Linguistics and Psychology*. pp.232-296. Cambridge: Cambridge Univ. Press.
Onions, Charles Talbut. (1904) *An Advanced English Syntax: Based on the Principles and Requirements of the Grammatical Society*. Nabu Press, 2010.
Quirk, Randolpf, Sidney Greenbaum, Geoffrey Leech, Jan Svartvik. (1972) *A*

Grammar of Contemporay English, Longman.
――, Sidney Greenbaum.（1977）『現代英語文法　大学編』池上嘉彦訳　紀伊國屋書店
酒井優子（2002）『言語伝達説と言語認識説の系譜』リーベル出版
――（2006）『4次元認識の文構造 ―スペイン語の場合―』リーベル出版
――（2011）『日本語の文構造 ―文の樹形図―』リーベル出版
　（Web公開 英語版 http://www.cloud.teu.ac.jp/public/LIF/sakai/xuss/）
　（2008）"Universal Sentence Structure‐A Realization in Spanish‐"
　（2011）"Syntax Tree Diagram in Spanish：From Deep Structure to Spanish Surface Structure."
　（2013）"Syntax Tree Diagram in Japanese：From Deep Structure to Japanese Surface Structure."
Stockwell, Robert P.（1965）*The Grammatical Structures of English and Spanish.* University of Chicago Press.
Sweet, Henry.（1891）*A New English Grammar: Logical and Historical.* Oxford: Oxford Univ. Press, 1925.
田中菊雄（1953）『英語広文典』白水社
塚田浩恭（2001）『日英語の主題、主語そして省略 ― 体系機能文法的アプローチ ―』リーベル出版
綿貫陽、マーク・ピーターセン（2006）『表現のための実践ロイヤル英文法』旺文社

［著者略歴］

酒 井　優 子（さかい・ゆうこ）

上智大学外国語学部イスパニア語学科卒業
上智大学大学院外国語学部言語学専攻博士前期課程修了（文学修士）
マドリッド大学哲文学部にスペイン政府給費留学
上智大学大学院同学部同専攻博士後期課程単位取得修了満期退学
東京工科大学教授

主な著作：
『言語伝達説と言語認識説の系譜』（2002，リーベル出版）
『４次元認識の文構造―スペイン語の場合―』（2006，リーベル出版）
『日本語の文構造―文の樹形図―』（2011，リーベル出版）

英語の文構造――深層構造から表層構造へ

2016年9月30日　初版第1刷発行

著　　者	酒　井　優　子	
発　行　者	串　原　徹　哉	
発　行　所	リーベル出版（Liber Press）	

〒173-0005　東京都板橋区仲宿15-1
［販売］☎03-3961-0020／［編集］☎03-3961-0065
Fax 03-3961-0166／http://www.liber-press.net/

印　刷　所　日本ハイコム株式会社
製　本　所　株式会社川島製本所

Ⓒ Yuko Sakai 2016　Printed in Japan
乱丁・落丁本の場合はお取り替えいたします。
ISBN978-4-89798-680-7